Julia Söhngen & Bernd Buchterkirch
101 Neue Altstadtorte
in Frankfurt

JULIA SÖHNGEN
BERND BUCHTERKIRCH

101 NEUE ALTSTADTORTE

IN FRANKFURT

Alle Rechte vorbehalten • Societäts-Verlag
© 2019 Frankfurter Societäts-Medien GmbH
Satz: Bruno Dorn, Societäts-Verlag
Umschlaggestaltung: Bruno Dorn, Societäts-Verlag
Umschlagabbildung: Sebastian Denecke
Druck und Verarbeitung: CPI books GmbH, Leck
Printed in Germany 2019

ISBN 978-3-95542-286-8

MIX
Papier aus verantwor-
tungsvollen Quellen
FSC® C083411
www.fsc.org

Inhaltsverzeichnis

01   Säulen für die Bücher.......... Alte Stadtbibliothek 11

02   Für die Ewigkeit .... Alter Jüdischer Friedhof...........13

03   Ungewöhnliche Fassade ...... Alter Burggraf............................ 15

04   Verzicht auf Verzierung...... Altes Kaufhaus 17

05   Schutzpatron .... Alte Nikolaikirche...................... 19

06   Versunkene Lebenswelten.. Archäologisches Museum........ 21

07   Erinnern und Gedenken ...... Fassade der Paulskirche 23

08   Ungeliebte Schneise............ Berliner Straße 25

09   Barocker Stadtpalast........... Bernusbau 27

10   Süße Träume .... Bitter & Zart................................ 29

11   Kunst, Genuss und Leben ... Braubachstraße 31

12   Narbe des Durchbruchs ...... Braubachstraße 21.................... 33

13   Apfelweintrinker................... Braubachstraße 23 35

14   Malerischer Hof.....................Braubachstraße 29.................... 37

15   Gesammelte Kostbarkeiten.. Burnitzbau 39

16   Überblick behalten .... Bürgerberatung.......................... 41

17   Rehberger-Installation .... Café Herz..................................... 43

18   Komische Kunst.................... Caricatura Museum................... 45

19   Prächtiger Messehof .... Das Goldene Lämmchen 47

20   Phoenix aus der Asche........ Das neue Salzhaus................... 49

21   Den Teufel ausgetrickst....... Die Alte Brücke 51

22   Unglücklich verliebt............. Madonna 53

23   Ab in den Keller!................... Die Schmiere............................... 55

24   Gelehrte u. Königswahlen.....Dominikanerkloster 57

25   Die Krönungsstätte.............. Dom St. Bartholomäus........... 59

26   Über den Dächern................ Domturm......................................61

27   Fünf Prozent Zinsen .... Eiserner Steg 63

28   Voltaire und Mozart .... Fahrgasse.................................... 65

29   Nur noch ein Name.............. Fahrtor 67

30   Alles Fassade? .... Fassaden a. Römerberg 69

31   Lieber Fisch als Fleisch .... Fisch Franke 71

32	Ort des Erinnerns	**Gedenkstätte Börneplatz**	73
33	Frankfurts Stararchitekt	**Gedenktafel Gerthener**	75
34	Göttin Justitia	**Gerechtigkeitsbrunnen**	77
35	Große Schmuckelemente	**Glauburger Hof**	79
36	Unser Dichterfürst	**Goethehaus**	81
37	Das Zuckerbäckerhaus	**Goldene Waage**	83
38	Prägende Tordurchgänge	**Goldenes Kreuz**	85
39	Tristesse war gestern	**Graffiti Kleinmarkthalle**	87
40	Frankfurts erste Bank	**Großer u. Kleiner Engel**	89
41	Barockperle	**Grüne Linde**	91
42	Drehscheibe d. Diskurses	**Haus am Dom**	93
43	Goethes Tante Melber	**Haus Esslinger**	95
44	Fachwerk unversehrt	**Haus Wertheym**	97
45	Frankfurter Nase	**Haus Würzgarten**	99
46	Kulturelle Vielfalt	**Heussenstamm-Stiftung**	101
47	Schneekugel	**Historisches Museum (hmf)**	103
48	Die Weinrebe hinauf	**Hof zum Rebstock**	105
49	Oase der Köstlichkeiten	**limori**	107
50	Gedächtnis Frankfurts	**Institut f. Stadtgeschichte**	109
51	Galerie der Herrscher	**Kaisersaal**	111
52	Feinste Bohne	**Kaffee Wacker**	113
53	Mythischer Stadtgründer	**Karl der Große**	115
54	Genusstempel	**Kleinmarkthalle**	117
55	Treppenturm mit Haube	**Klein Nürnberg**	119
56	Fünfziger integriert	**Kornmarkt-Arkaden**	121
57	Den Hammer in der Hand	**Kunsthaus Döbritz**	123
58	Bitte wieder mit Hut	**Langer Franz / Kleiner C.**	125
59	Frankfurter Maßeinheit	**Leinwandhaus**	127
60	Einzigartige Schatzkiste	**Leonhardskirche**	129
61	Delphine und Flaneure	**Liebfrauenberg**	131
62	Besinnung und Einkehr	**Liebfrauenkirche**	133
63	Bücherverbrennung	**Literatur in Flammen**	135
64	Sachlich u. formenreich	**Markt: „Torhaus"**	137
65	Auf Kaisers Spuren	**Markt: Krönungsweg**	139
66	Kunstparcours für Kinder	**Minischirn**	141

67 Das Stöffche kam später ......Mosaik i. Rathaus-Innenhof...143
68 Perspektiven eröffnen..........Museum Judengasse..............145
69 Tortenstück...........................Museum für Moderne Kunst..147
70 Nomen est Omen ....Neues Paradies.........................149
71 Fachwerk ohne Vorbild........Ostzeile 151
72 Frankfurter Kernspalter ......Otto Hahn-Denkmal 153
73 Fundament der Altstadt......Parkhaus Dom-Römer.............155
74 Damals ein Novum...............Parkhaus Hauptwache 157
75 Wiege der Demokratie.........Paulskirche...............................159
76 Frankfurt am Meer ....Ponton der Primus-Linie 161
77 Kunst auf der Insel...............Portikus.....................................163
78 Uhrenstube im OG ....Rententurm 165
79 Fenster zum Geschmack .....Restaurant Margarete 167
80 Dreigiebelfront ....Römer..169
81 „Gudd Stubb"........................Römerberg / Samstagsberg....171
82 Hier geht's um die Wurst .....Rotes Haus 173
83 Geballte Postmoderne.........Saalgasse..................................175
84 Krone, Zepter, Reichsapfel ...Saalhof 177
85 Neue Sichtweisen.................Schirn-Kunsthalle 179
86 Im Schäferkleid ....Schönau 181
87 Vermietete Guckplätze........Schwarzer Stern.......................183
88 Vom Titan getragen.............Seufzerbrücke 185
89 Wilde Visionen ....Seven Swans 187
90 Elefantenfuß ....Spolien Tech. Rathaus.............189
91 Frankfurts Ursprung ....Stadthaus am Markt 191
92 Zum Schutz der Stadt ....Staufenmauer 193
93 Kunst in alten Mauern ....Steinernes Haus 195
94 Sprudelndes Andenken ....Stoltzebrunnen.........................197
95 Wenn's mal dringend ist ......Toiletten-Anlage Paulsplatz ..199
96 Älteste Einkaufsstraße ....Töngesgasse 201
97 Kunstschatz...........................Wandmalereien Ratgeb 203
98 Stoltze kennenlernen ....Weißer Bock 205
99 Magnet f. Bücherfreunde ....Zentralbibliothek....................207
100 Eingang Altstadt ....Zu den drei Römern..............209
101 Am Mainesstrand ....Zur Flechte...............................211

Literatur 213
Bildnachweis 215
Die Autoren 217

Vorwort

Eine neue Altstadt − das klingt paradox. Und doch findet man in Frankfurt zwischen Dom und Römer nun genau dies. Auf einer Fläche von gerade einmal 7.000 Quadratmetern entstand ein neues Stadtquartier, das Oberbürgermeister Peter Feldmann anlässlich der Eröffnung als „Herz und Seele" bezeichnete, die Frankfurt nun endlich zurückerhalte. Das ist ziemlich symbolträchtig und vielleicht auch ein klein wenig unfair den übrigen Stadtteilen gegenüber. Denn schließlich machen die facettenreichen Quartiere alle zusammen das Gefühl und Bild − die Identität − von Frankfurt aus. Sicher ist, dass die Mainmetropole mit dem Dom-Römer-Areal ihre „gudd Stubb" zurückbekommen hat. Gleichzeitig ist hier eine Art Galerie der Frankfurter Baugeschichte entstanden: 35 Altstadthäuser, die der Innenstadt ihr historisches Gesicht zurückgeben. Bei 15 von ihnen handelt es sich um originalgetreue Rekonstruktionen historischer Gebäude, 20 sind moderne Interpretationen. Und dank klarer Gestaltungsregeln fügen sich die Bauten zu einem in sich stimmigen Gesamtensemble, das einerseits der Vergangenheit Frankfurts huldigt, andererseits immer auch die Gegenwart der Stadt einbezieht. Der daraus entstandene Dialog zwischen gestern, heute und morgen ist so gelungen wie kontrastreich.

In diesem Band haben wir 101 Altstadt-Orte zusammengetragen, die nicht nur in der neuen Altstadt liegen, sondern im gleichnamigen Stadtteil. An manchen kommt man nicht ohne Weiteres vorbei, an manchen ginge man vorbei, würde man nicht darauf hingewiesen. Lassen Sie sich überraschen! Wir zumindest wünschen Ihnen ebenso vergnügliche Stunden beim Entdecken dieses neuen Stadtviertels wie wir sie beim Schreiben dieses Buches hatten.

Julia Söhngen und Bernd Buchterkirch

01 Säulen für die Bücher
Alte Stadtbibliothek
Schöne Aussicht 2

Kein Weg am östlichen Mainufer führt an der alten Stadtbibliothek vorbei. Das klassizistische Gebäude von Stadtbaumeister Johann Friedrich Christian Heß war einer der ersten großen Investitionen der Stadt nach der napoleonischen Ära und der wiedererlangten Unabhängigkeit 1816. Von 1820 bis 1825 wurde das zweistöckige Gebäude an der Schönen Aussicht errichtet und gleichzeitig als Denkmal für eine „bürgerliche Stadtrepublik" verstanden. Markant: Sechs korinthische Säulen tragen einen Giebel, der die Aufschrift „Litteris Recuperata Libertate Civitas" (Die Stadt widmet (diesen Bau) nach Wiedererlangung der Freiheit den Wissenschaften) trägt. 1944 wurde die Stadtbibliothek durch Bomben teilweise zerstört, nur der Portikus blieb stehen, er wurde 1958 gesichert und unter Denkmalschutz gestellt. 1987 wurde dieser um einen direkt hinter den Säulen befindlichen Ausstellungspavillon der Städelschule ergänzt. 2003 fiel der Entschluss, hier das neue Literaturhaus anzusiedeln. Das Architekturbüro Christoph Mäckler, das zahlreiche hervorstechende Gebäude in Frankfurt entworfen hat, wurde für den Wiederaufbau, eine optische Rekonstruktion, der Alten Stadtbibliothek ausgewählt. Seit der Fertigstellung 2005 residiert hier das Literaturhaus Frankfurt, welches zuvor in einer neoklassizistischen Villa in der Bockenheimer Landstraße 102 beheimatet gewesen war. Kern seines vielfältigen Programms sind Lesungen deutscher und internationaler Autoren sowie Lesungen und weitere Veranstaltungen für Kinder und Jugendliche.

02 Für die Ewigkeit
Alter Jüdischer Friedhof
Battonnstraße

Der 1180 erstmals erwähnte Jüdische Friedhof Battonnstraße gilt nach dem Heiligen Sand in Worms als zweitältester jüdischer Friedhof Deutschlands. Der älteste erhaltene Grabstein stammt aus dem Jahr 1272, am 16. September 1828 fand hier aus Kapazitätsgründen die letzte Beisetzung statt. Danach wurde der Friedhof an der Rat-Beil-Straße genutzt, seit 1929 der Neue Jüdische Friedhof an der Eckenheimer Landstraße. Für jüdische Begräbnisstätten gilt eine unantastbare Totenruhe, deshalb dürfen die Gräber weder aufgelöst noch die Grabsteine abgeräumt werden. Zusammen mit anderen Liegenschaften musste die Gemeinde den Friedhof 1939 an die Stadt Frankfurt veräußern. Während des Nationalsozialismus sollte er zerstört werden, 1943 begann man die etwa 6.500 Grabsteine zu Bruchstein zu zertrümmern. 175 als historisch und künstlerisch wertvoll erachtete Grabsteine wurden vom Historischen Museum ausgewählt und auf dem Friedhof an der Rat-Beil-Straße eingelagert. Hierzu gehörte auch der Grabstein von Mayer Amschel Rothschild (1744 – 1812), dem Begründer des berühmten Hauses Rothschild.

Das Zerkleinern der Steine wird nach den Bombenangriffen im Oktober 1943 eingestellt und der Friedhof Battonnstraße als Abladestelle für Schutt missbraucht. Nach dem Krieg erhält die Jüdische Gemeinde den Friedhof zurück und die eingelagerten Grabsteine werden wieder auf dem Alten Friedhof aufgestellt. Weil der ursprüngliche Standort unbekannt ist, stehen sie nun entlang der inneren Friedhofmauer. Der Friedhof ist dauerhaft geschlossen, der Schlüssel kann bei Besichtigungswünschen gegen Hinterlegen des Personalausweises im Museum Judengasse geliehen werden.

03 Ungewöhnliche Fassade
Alter Burggraf
Markt 34

Francesco Collotii aus Mailand hat das Gebäude geplant. Die nördliche Ecke des Neubaus „Alter Burggraf" ist durch einen Zwerchgiebel leicht betont. Die Fassade ruht auf einem roten Sockel aus Main-Sandstein, ist verputzt und durch lasierte Holzfenster gegliedert. Spolien – zwei Kragsteine und ein Eckatlant – setzen einzelne Akzente. Die zeitgenössische Interpretation des traditionellen Bautyps eines Fachwerk-Altstadthauses und der Eigenwert des Materials Holz am Krönungsweg führen direkt gegenüber der Schirn zu einer ungewöhnlichen Fassadenlösung.

04 Verzicht auf Verzierung
Altes Kaufhaus
Markt 30

Der Neubau des Wohnhauses Markt 30, „Altes Kaufhaus", den die Schweizer Architekten Morger + Dettli geplant haben, zeichnet sich durch den Verzicht auf Verzierungen aus. Nur wenige strukturelle Grundelemente der Altstadttypologie werden bei dem fünfgeschossigen Gebäude benutzt. Auf der rückwärtigen Seite des Hauses an der Gasse Hinter dem Lämmchen finden sich zwei Fenster pro Etage, die mit den Öffnungen der großen Eingangsspolie korrespondieren. Mit etwa fünf Metern Breite und 3,50 Metern Höhe ist dieser barocke Torbogen aus Sandstein die größte Spolie des Dom-Römer-Areals. Sie stand seit 1943 im Garten des Liebieghauses am Museumsufer. Der Torbogen hat baulich keine tragende Funktion, als Eingang zu Laden und Wohnungen und als sichtbares Schmuckstück kommt dem Bauteil allerdings eine entscheidende Rolle in der Wahrnehmung des Hauses zu. Das Haus beheimatet nun das „Kaufhaus am Ort". Wer „das etwas andere Geschenk", ansprechend-moderne Dekoration, regionale Köstlichkeiten oder handgefertigte Artikel sucht, der wird fündig.

05 Schutzpatron schaut von der Decke
Alte Nikolaikirche

Römerberg

Die frühgotische Kirche stammt aus dem 12. Jahrhundert. Anders als bei den anderen mittelalterlichen Frankfurter Kirchen, bei denen Entstehungszeit, Gründer, Gründungsmotiv und Zweckbestimmung überliefert sind, sind die Quellen zur Alten Nikolaikirche dürftig. Erst archäologische Grabungen des Jahres 1989, die nach Bodenfunden bei umfassenden Renovierungsarbeiten veranlasst wurden, konnten die Baugeschichte erhellen. Demnach entstand die Nikolaikapelle zusammen mit dem Saalhof wohl in der Regierungszeit des ersten Stauferkaisers Konrad III., der zwischen 1140 und 1149 vier Fürstenversammlungen nach Frankfurt einberief. Als Hofkapelle wurde sie zum Ort geschichtlich bedeutender Ereignisse wie Hof- und Reichstagen und wohl sogar Königswahlen. Die erst ein halbes Jahrhundert später entstandene Saalhofkapelle hat dagegen nur als Familienkapelle und Aufbewahrungsort der Reichsinsignien gedient. Die bei den Ausgrabungen gefundenen Grundmauern des Vorgängerbaus der Alten Nikolaikirche sind heute im Fußboden markiert.

Postkarten aus dem Jahr 1945 zeigen sie zusammen mit dem Haus Wertheym als die einzigen noch erhaltenen Gebäude auf dem Römerberg.

Von der Dachgalerie ertönen zur Adventszeit Konzerte eines Posaunenchors. Übrigens schaut der namensgebende Nikolaus, der Schutzpatron der Fischer, von der Decke auf die Besucher herunter, schließlich liegt die Kirche unweit des Mains und der Bischof soll sie wohl vor Hochwasser schützen.

06 Versunkene Lebenswelten

Archäologisches Museum

Karmelitergasse 1

Das Archäologische Museum Frankfurt befindet sich im ehemaligen Karmeliterkloster, Alte Mainzer Gasse/Karmelitergasse, und präsentiert, bewahrt und erforscht die Archäologie und Geschichte der Stadt Frankfurt und des Umlandes. Bedeutende regionale Funde stammen aus Ausgrabungen, unter anderem in der römischen Stadt Nida (heute in Frankfurt-Heddernheim), der Frankfurter Altstadt und im ehemaligen jüdischen Ghetto am Börneplatz. Darüber hinaus besitzt es eine umfangreiche Sammlung klassischer Antike des Mittelmeerraumes und aus dem Bereich Archäologie des Alten Orients. Am 22. Juni 1937 gegründet, trug es zunächst den Namen „Museum für heimische Vor- und Frühgeschichte und war im Dominikanerkloster untergebracht, welches dort jedoch wegen des Krieges am 22. Juni 1943 schließen musste. 1989 bezog das Museum die wiederaufgebaute Karmeliterkirche und die dazugehörenden Neubauflügel. 2002 wurde der Name in Archäologisches Museum Frankfurt geändert.

07 Erinnern und Gedenken
Außenfassade der Paulskirche
Paulsplatz 11

Im Laufe der Jahre wurden etliche Tafeln und Denkmäler an der Außenfassade der Paulskirche angebracht, um an bedeutende Personen oder Ereignisse der deutschen Geschichte zu erinnern. Als das erste freigewählte deutsche Staatsoberhaupt, der Reichspräsident Friedrich Ebert (1871–1925), starb, beschloss der Frankfurter Magistrat am 2. März 1925, ihm ein Denkmal an der Paulskirchenfassade zu widmen. Am 11. August 1926 weihte Oberbürgermeister Ludwig Landmann die Denkmalstatue des Bildhauers Richard Scheibe ein. Nach der Machtübernahme der Nationalsozialisten wurde sie abgebaut. Scheibe schuf nach dem Krieg mit Einwilligung der Stadt eine neue, stärker an den klassischen Idealen orientierte Figur, die am 28. Februar 1950, am Todestag Eberts, eingeweiht wurde. Mit Theodor Heuss ist einem weiteren Ehrenbürger Frankfurts an der Südseite des östlichen Portals eine Plakette gewidmet. Der FDP-Politiker war von 1949 bis 1959 der erste Bundespräsident der Bundesrepublik. An der Nordostseite der Kirche folgt eine am 25. Juni 1966 enthüllte Relieftafel für den ermordeten amerikanischen Präsidenten John F. Kennedy. Er hatte am 25. Juni 1963 in der Paulskirche eine Rede gehalten, aus der die Tafel den Satz zitiert: „Niemand soll von dieser unserer atlantischen Generation sagen, wir hätten Ideale und Visionen der Vergangenheit, Zielstreben und Entschlossenheit unseren Gegnern überlassen." Am nordwestlichen Treppenturm befindet sich seit 1964 ein Mahnmal für die Opfer des Naziterrors. An der Südwestseite folgen Gedenktafeln für den Politiker Carl Schurz sowie für den Präsidenten der Nationalversammlung Heinrich von Gagern. Die Westseite des Turmes trägt seit 2002 eine Gedenktafel für den ersten freigewählten Oberbürgermeister von Frankfurt, Walter Kolb.

08 Ungeliebte Schneise
Berliner Straße

Der autogerechten Stadt zuliebe wurde diese vierspurige Verkehrs-
schneise durch die Ruinen der Altstadt geschlagen und nach einer
Bauzeit von rund 15 Monaten am 16. November 1953 eingeweiht.
Die verkehrsreiche Ost-West-Verbindung der Altstadt befindet sich
teilweise auf dem Verlauf der im Zweiten Weltkrieg zerstörten, viel
schmaleren, Schnurgasse. Zu Beginn mit dem Namen „Straße an
der Paulskirche" versehen, wird sie schon 1955 in „Berliner Straße"
umbenannt. Vom Verkehrsaufkommen sollte man sich keinesfalls
schrecken lassen, hat die Berliner Straße doch eine Menge zu bieten. Neben zahlreichen attraktiven Geschäften, einem der ersten
reinen Wohnhochhäuser Frankfurts (30 Meter hoch!) an der Ecke
zur Fahrgasse, befindet sich am östlichen Ende zudem das Museum
für Moderne Kunst und weiter westlich mit der Paulskirche einer
der wichtigsten Demokratieorte Deutschlands. Regelmäßig wird
über die teilende Wirkung der Berliner Straße diskutiert. Die bisher
letzte größere bauliche Veränderung geht allerdings bis ins Jahr
1973 zurück, als am westlichen Ende der Straße der Theatertunnel
eröffnet worden ist.

09 Barocker Stadtpalast
Bernusbau

Saalhof 1

Benannt wurde er nach seinen Bauherren, zwei reichen Tuchhändlern, die den Bau zwischen 1715 und 1717 neben dem Rententurm, anstelle der Burgmauer, errichten ließen. Nicht nur dank der 60 Meter langen Fassade und den 13 Fensterachsen ist er einer der beherrschenden Bauten am Mainufer. Der Bernusbau wurde in den 1950er Jahren gemeinsam mit dem Rententurm und dem Burnitzbau zunächst als Rohbau ohne Innenausstattung wieder aufgebaut. Ab März 1956 diente das noch mit einem Notdach versehene Gebäude als Depot für das Museum. 1958 begannen umfangreiche archäologische Forschungen auf dem Saalhofgelände, die bis 1961 dauerten. Die Befunde zeigten, dass das Mainufer ursprünglich sogar über vier Meter tiefer lag als heute und bereits im Mittelalter immer wieder aufgeschüttet worden war. Heute ist der Bernusbau Teil des Historischen Museums. Im Obergeschoss findet man die Frankfurter „Stadtmodelle", darunter das berühmte Altstadtmodell der Brüder Treuner aus den Jahren 1925 bis 1961. Außerdem hat hier auch die „Bibliothek der Alten" ihren Platz, ein offenes Archiv von Frankfurter Autoren, das jedes Jahr um einen Beitrag wächst.

10 Süße Träume
Bitter & Zart
Braubachstraße 14

Treffender lässt sich wohl kaum ein Name für einen Schokoladen-Laden finden – pardon, für eine Chocolaterie mit Salon. Denn was als kleines, feines Lädchen in der Domstraße begann, ist mittlerweile zu einem ziemlich großen, herrlich nostalgischen Kaffeehaus gewachsen. Hier gibt es im Stile Wiens gemütliche Nischen und kleine Sitzgrüppchen, köstliche Torten und Kuchen, guten Kaffee und allerhand aus Schokolade. Ja, was denn sonst?!

Im angeschlossenen Verkaufsladen werden tatsächlich so gut wie alle Schokoträume wahr. Neben handgeschöpften Schokoladen sind Trinkschokoladen und Schoko-Aufstriche sowie über 100 verschiedene Trüffel und Pralinen, handgemachte Bonbons, Gebäck, Lakritz, Marzipan, Nougat und, und, und aus Deutschland, Belgien, Dänemark, England, Frankreich, Italien, Österreich und Spanien im Angebot. Und auf dem Jahreszeitentisch findet man sonst noch alles, was das Schleckermaul begehrt. Auf diese buchstäblich süße Idee kamen übrigens 2003 die beiden Freundinnen Sabine Seidel und Gaby Fürstenberger und beweisen seitdem nicht nur den Frankfurtern, dass das Leben mindestens zwei Schokoladenseiten hat.

11 Kunst, Genuss und Leben
Braubachstraße

Die Braubachstraße ist gerade einmal 302 Meter lang und gleichzeitig eine der vielfältigsten und pulsierendsten Straßen Frankfurts: Hier sind das MMK 1 und 3 ebenso ansässig wie zahlreiche Galerien für zeitgenössische Kunst, die Heussenstamm Galerie, das Fotografie Forum Frankfurt, der Börsenverein des Deutschen Buchhandels, Antiquariate, das Auktionshaus Döbritz, passend zum Braubach der Angel Bär, und mit dem Restaurant Margarete, Bitter und Zart, EspressoEspresso und limori einige der angesagtesten gastronomischen Betriebe der Stadt.

Der Durchbruch Braubachstraße entstand im Zuge der Neugestaltung des Römers zwischen 1904 und 1906. Da hier die Bausubstanz durch den Wegfall der Frankfurter Messen und die voranschreitende Industrialisierung zunehmend verfiel und neue Wohngebiete außerhalb der mittelalterlichen Altstadt entstanden, wurde die Altstadt immer mehr das Wohnviertel der Armen. Nach Pariser Vorbild sollten Straßendurchbrüche zu einer verkehrstechnischen Neuerschließung der alten Stadtviertel und damit wieder für mehr Attraktivität sorgen. Dafür wurden gut 100 Altstadthäuser abgerissen und durch historisierende Neubauten verschiedener Stilrichtungen – etwa des Expressionismus, der Neuen Sachlichkeit oder des Reformstils ersetzt – teils unter Verwendung von Originalteilen ursprünglichen Häuser. Ihr Name geht übrigens auf die Braubach zurück, einen Nebenarm des Mains, der im Altstadtbereich ungefähr dem Verlauf der Braubachstraße folgt und bereits seit dem 14. Jahrhundert nur noch unterirdisch verläuft.

Auch wurde die Frankfurter Straßenbahn hier zur Fahrgasse und zum Allerheiligentor verlängert. Heute wird die „Altstadtstrecke" von den Linien 11, 12, 14 und dem Ebbelwoi-Express befahren.

12 Narbe des Durchbruchs
Braubachstraße

Braubachstraße 21

Teile der originalen Bausubstanz reichen zurück bis in 16. Jahrhundert. Als es um die Rekonstruktion des Hauses ging, entschied man sich für die Wiederherstellung der aus Bruchsteinen gemauerten Brandwand, die um 1905 zum Vorschein gekommen war. Dadurch wollte man einerseits einen Hinweis auf die karolingisch-ottonische Stadtmauer geben, andererseits aber auch auf die Schneise hinweisen, die der Durchbruch der Braubachstraße in die Altstadt geschlagen hatte. An der Nordostecke des Hauses findet man die Skulptur eines Winzers vor einem Rebstock. Gemeinsam mit dem Hof zum Rebstock fasst die Braubachstraße 21 den Hof gegenüber vom Haus am Dom. Auch die Braubachstraße 21 gehört zum St. Katharinen- und Weißfrauenstift. Der Frankfurter Verband darf es nutzen und hier Kurse für Senioren anbieten.

13 Entdecke den Apfelweintrinker
Braubachstraße
Braubachstraße 23

Das Gebäude ist eine der größten Neubauten der Neuen Altstadt und gleichzeitig ihr Eingangsgebäude. Es beeindruckt durch seine expressionistische Fassade, die komplett im typischen roten Main-Sandstein gehalten ist. Dadurch erscheint das Haus wie aus einem Guss oder in einem Stück gearbeitet. In der Ecke des Hauses zur Neugasse findet man damals wie heute den Apfelweintrinker, eine Skulptur, die aus dem Jahr 1940 stammt. Der Spitzbogen, der sich über dem Eingang befindet, ist ein Element sowohl der Gotik als auch des Expressionismus.

Nun hat das Reformhaus Freya hier seinen Sitz, ebenfalls eine Frankfurter Institution. Schließlich wurde das erste Reformhaus im Jahr 1910 von Willy Croy und Max Kessel gegründet. Benannt wurde das Unternehmen übrigens nach der germanischen Göttin der Fruchtbarkeit und der Liebe.

14 Malerischer Hof mit zwei Gesichtern

Braubachstraße

Braubachstraße 29

Das Haus mit den zwei Gesichtern: Nach vorne, zur Braubachstraße hin, tritt es als Neubau mit großstädtischem, einladendem Gestus in den Stadtraum, während rückwärtig die Fassade des Vorgängerbaus von 1911 rekonstruiert worden ist, die allerdings auch damals schon selbst eine Rekonstruktion war. Damals wie heute ging es darum, den mittelalterlichen Charakter des „Goldenen Lämmchens" zu erhalten. Dieser Hof hatte mit seinen umlaufenden Holzgalerien und den offenen Treppenanlagen eine idyllische Wirkung.

Der Durchgang von der Braubachstraße in den Lämmchenhof wird durch das Halbrelief einer Marienfigur über dem Hauptportal akzentuiert, außerdem verjüngt er sich mit einer schräg gestellten Natursteinwand. Beidseitig sind jeweils zwei Halbreliefs angebracht, bei denen es sich um Spolien handelt. Beim Hineingehen fällt der Blick direkt auf das „Goldene Lämmchen", wodurch die Braubachstraße abermals mit dem Inneren der Neuen Altstadt verbunden wird. Außergewöhnlich für die Altstadthäuser ist übrigens auch der große Balkon im ersten Obergeschoss mit Blick auf den Innenhof.

15 Gesammelte Kostbarkeiten

Burnitzbau

Saalgasse 19

Im frühen 19. Jahrhundert verlor der gesamte Altstadtkern durch die schwindende Bedeutung der Messe, den Wegfall der Kaiserkrönungen und die Entstehung neuer, repräsentativer Wohnquartiere außerhalb der spätmittelalterlichen Stadtgrenzen an Bedeutung. So litt auch der Saalhof wegen mangelnder Instandhaltung und Zweckentfremdung in seiner Substanz. Dennoch kam es 1840 bis 1842 mit dem von Rudolf Burnitz im neuromanischen Stil errichteten Burnitzbau wiederum zu einem prestigeträchtigen Bauprojekt, für das man sogar den Eckturm der staufischen Burg und das Fahrtor aus dem 14. Jahrhundert abriss.

Mit seinen Rundfenstern und dem Zinnenkranz am Dach erinnert der Burnitzbau an mittelalterliche Paläste wie etwa an den Palazzo Vecchio in Florenz. Er markiert den Beginn einer neuen Ära in der Frankfurter Baugeschichte und wendet sich von dem bis dahin vorherrschenden strengen Klassizismus ab. Heute werden im Burnitzbau auf vier Etagen in der opulenten Ausstellung „Frankfurter Sammler und Stifter" herausragende Konvolute von zwölf bürgerlichen Frankfurter Sammlerpersönlichkeiten aus dem 17. bis 20. Jahrhundert präsentiert.

16 Überblick behalten
Bürgerberatung in der Altstadt
Hinter dem Lämmchen 6

Antworten auf Fragen aller Art gibt die Bürgerberatung der Stadt Frankfurt im Haus „Goldenes Lämmchen", Hinter dem Lämmchen 6. Kunst&Kultur, Aktiv-Angebote, Veranstaltungen oder Fragen nach ganz alltäglichen Verwaltungsabläufen – hier ist genau der richtige Ort, um sich mit einem speziellen Angebot den besten Überblick zu verschaffen. Die Frankfurt-Experten stehen mit ihrem Wissen bereit. Angefangen hatte alles am 26. August 1969, damals noch unter dem Namen Römertelefon. Bürger konnten ihr Fragen auf Band hinterlassen und wurden anschließend binnen 10 Tagen zurückgerufen oder bekamen eine schriftliche Auskunft.

Wenig später, 1972, ist die Einrichtung direkt am Römerberg angesiedelt und hilft mit direktem persönlichen Kontakt weiter. 1995 wird das Frankfurt-Forum ins Leben gerufen, in dem sich Bürgerberatung und Werkstattladen, eine Kooperation der Praunheimer Werkstätten und des Frankfurter Vereins für Soziale Heimstätten, die Räume am Römerberg teilen. Nach 44 Jahren verlässt die Bürgerberatung den Römerberg und zieht nach einem kurzen Gastspiel auf der Zeil mitten ins Herz der Altstadt. Neben kompetenten Ansprechpartnern finden Besucher hier auch nach Themengebieten sortierte Prospekte, Info-Flyer und Broschüren. Die Sitzecke ermöglicht entspanntes Stöbern. Flachbildschirme an den Wänden vermitteln die Geschichte der Bürgerberatung. Auf einem Touch-Screen können Besucher jede Menge Wissenswertes über Frankfurt entdecken.

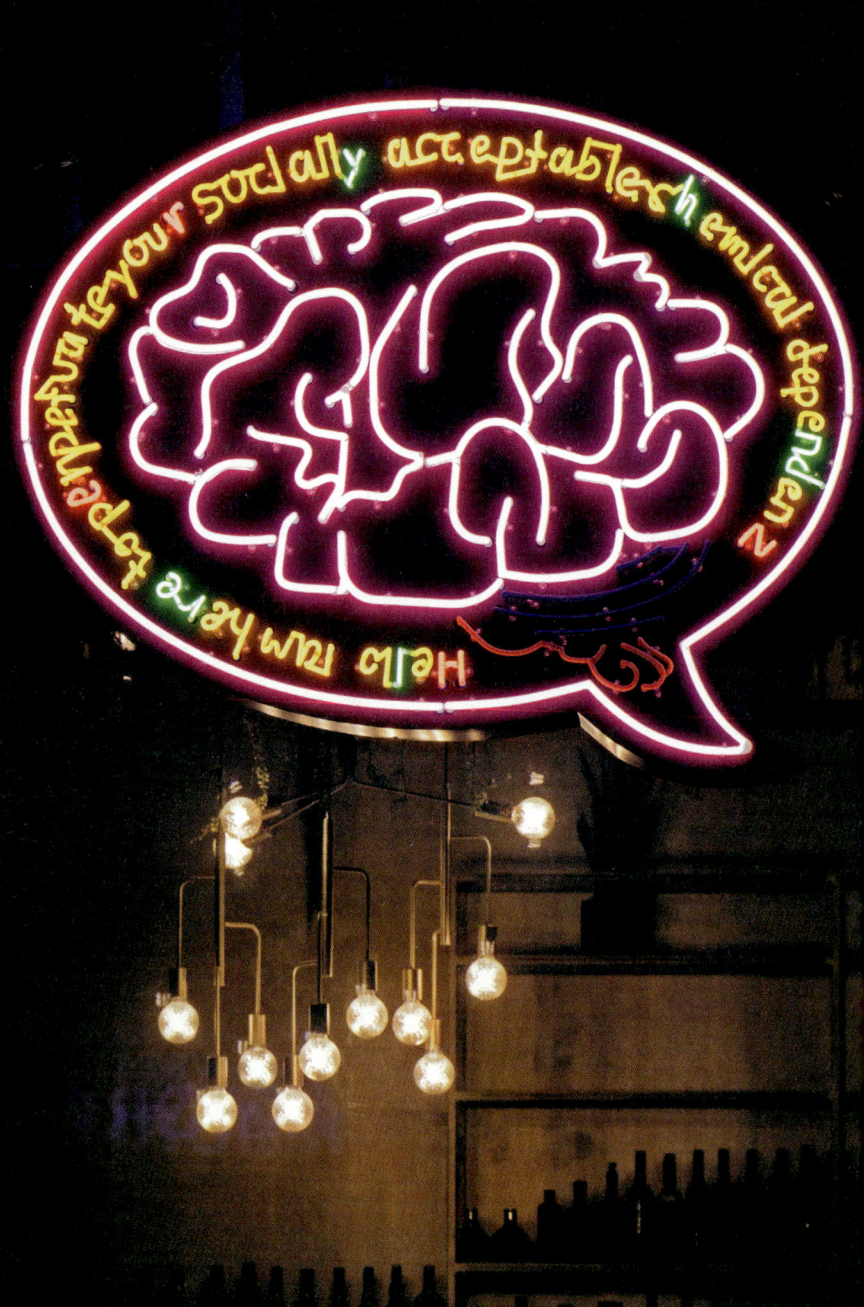

17 Rehberger-Installation
Café Herz
Braubachstraße 31

Kunst in der Alltagswelt – Die Neon-Skulptur, welche über dem Café Herz in der Braubachstaße 31 thront, ist von niemand geringerem als Tobias Rehberger und seinem Team in dreimonatiger Arbeit kreiert worden. Der Frankfurter Künstler, Städelschul-Professor und Goethepreisträger hat eine Arbeit umgesetzt, die ihren Inhalt erst offenbart, wenn es wie in einer Fehlfunktion zu flackern beginnt. Der Schriftzug ist ein Schillerzitat, aus dem vier rote Buchstaben hervorstechen: H–E–R–Z. „Hello I am here to perpetuate your socially acceptable chemical dependenz" („Ich bin hier, um deine sozial akzeptierte Droge zu verewigen"), steht in dem Schild am Rande der Altstadt. Bei genauerem Blick entdeckt der Betrachter auch den Namen des Cafés auf dem Schild. In rot leuchten die vier Buchstaben des Wortes „Herz", wenn die Installation illuminiert ist. Laut Rehberger spielt das skizzierte Gehirn auf die „akzeptierte chemische Abhängigkeit" an, auf Suchten und Abhängigkeiten wie der nach Kaffee. Die gastronomieerfahrenen Brüder Mengi, Taff und Yeshi Zeleke betreiben das Café Herz, in welchem das Herz für guten Kaffee, Freundschaft und Gemütlichkeit schlägt.

18 Komische Kunst
Caricatura Museum
Weckmarkt 17

Das Wahrzeichen des Museums, welches sich hier seit 2008 der komischen Kunst widmet, empfängt den Besucher bereits vor dem Gebäude am Weckmarkt 17. Hans Traxler gestaltete einen Elch – das Symbol und Wappentier der „Neuen Frankfurter Schule" aus Bronze –, der Trenchcoat, Weste und Hut trägt. Eine Plakette am Sandsteinsockel zieren die Namen der acht wichtigsten Vertreter der Neuen Frankfurter Schule und der berühmte Reim von F. W. Bernstein: „Die schärfsten Kritiker der Elche waren früher selber welche." Dank der bekannten Satirezeitschriften „Pardon" und „Titanic" wurde Frankfurt ein Ort, an dem die bedeutendsten Satiriker und Zeichner der Republik arbeiteten. Die Tradition der Satire geht in Frankfurt allerdings noch weiter zurück, bis in die Zeit von Friedrich Stoltze.

In seiner Dauerausstellung widmet sich das Museum den Arbeiten der „Neuen Frankfurter Schule", zu denen F. W. Bernstein, Bernd Eilert, Robert Gernhardt, Eckhardt Henscheid, Peter Knorr, Chlodwig Poth, Hans Traxler und F. K. Waechter gehören. Neben deren Texten, Zeichnungen und Plastiken, präsentiert das Caricatura zahlreiche Sonderausstellungen zeitgenössischer Künstler, initiiert Lesungen und etliche weitere Veranstaltungen, die sich mit der Komischen Kunst beschäftigen.

Zum Güldensängrit

19 Prächtiger Messehof
Das Goldene Lämmchen

Hinter dem Lämmchen 6

Vier Bauepochen finden sich im „Goldenen Lämmchen" und seinem Innenhof, die sich urkundlich bis ins 14. Jahrhundert zurück-
verfolgen lassen. Die spätgotische Madonna, die an der südwestlichen Hausecke angebracht ist, stammt aus der Blütezeit des
Messehofes im 15. Jahrhundert, in der dieser Hof in der Hand einer
reichen Patrizierfamilie und Umschlagplatz für zahlreiche Waren
war. In der Mitte des 17. Jahrhunderts wurden die für die Zeit typischen Laubengänge als Holzgalerien eingefügt. Im 18. Jahrhundert
wurde das Gebäude generalüberholt und erhielt auch ein Mansard-
dach. Zu Beginn des 20. Jahrhunderts erfolgte der Durchbruch zur
Braubachstraße, und ein neuer Anbau, der in den Hof hineinragte,
wurde auf eine kräftige Säule mit ionischem Kapitell aus Muschel-
kalk gestellt. Als Wandauflage dienten zwei Steinskulpturen im spä-
ten Jugendstil – im gleichen Material wie die Steinsäule. Mit dem
Ende des Alten Reichs 1806 fiel Frankfurt nicht länger die Rolle als
Wahl- und Krönungsstätte der Römisch-Deutschen Kaiser zu. Das
Messegeschäft hatte bereits an Bedeutung verloren, und auch das
soziale und wirtschaftliche Leben verlagerte sich in die heutige
Innenstadt. Frankfurts goldene Jahre schienen vorüber. Schließlich bedeuteten industrielle Revolution und Aufhebung des Zunft-
zwangs auch das Ende für das traditionell in der Altstadt ansässige
Handwerk, während die Stadt gleichzeitig ein enormes Bevölke-
rungswachstum verzeichnete. Da der Wohnungsbau nicht Schritt
halten konnte, sanken die vormaligen Adels- und Patrizierbehau-
sungen sowie die alten Messehöfe zu Arbeiterquartieren herab. Die
Rekonstruktionen hat der Dieburger Ingenieur und Architekt Claus
Giel umgesetzt.

20 Phoenix aus der Asche
Das neue Salzhaus
Römerberg 27

Zugegeben, auf den ersten Blick sieht das Haus am Römerberg 27 fast schon ein wenig schlicht aus, vor allem, wenn man bedenkt, welche legendäre Erscheinung der Vorgänger an dieser Stelle gewesen ist. Das um 1600 errichtete Salzhaus galt vor seiner Zerstörung als das prachtvollste Bürgerhaus der Stadt und als eines der bedeutendsten Fachwerkhäuser der Renaissance in ganz Mitteleuropa. Der erste Vorgängerbau wurde bereits am 5. Mai 1324 urkundlich erwähnt. Das Haus befand sich im Besitz der Frankfurter Patrizierfamilie Wanebach und wurde für den Salzhandel genutzt. Später dann im 15. Jahrhundert diente es dem neuen Besitzer Henne Brun auch als Privatgefängnis. Den nächsten Wandel erfuhr das Gebäude im 16. und 17. Jahrhundert, als es der Weinhändler Christoph Andreas Koler kaufte und es zu dem prachtvollen Haus umbauen ließ, als welches es in Erinnerung geblieben ist. In dieser Zeit entstanden an der Fassade die Schnitzereien von Johann Michael Hocheisen. Aus sechs Holztafeln ordnete er ein Fries unter dem Fenster des ersten Geschosses an, die heute wieder, in Zweierpaaren untereinander angeordnet, an der Fassade zu sehen sind. Die Tafel links zeigte den Frühling, gefolgt vom Sommer und zwei Putten mit einem Ring als Symbol der Ehe. Dann kamen zwei Putten mit Blumen als Symbol der Kinder, es folgten der Herbst und der Winter. Seit 1. Mai 1843 ist das Haus städtisch. Sicher eingelagert, überstanden die geschnitzten Holzplatten den Krieg. Anfang der 1950er wird wieder aufgebaut. Auf dem erhaltenen Erdgeschoss des Vorgängerbaus erwächst die moderne Eisenbetonkonstruktion. Teile der geretteten Schnitzereien sind in die Fassade in Richtung Römerberg eingearbeitet. An der Seite zur Brauchbachstraße hin entsteht mit Wilhelm Geißlers Mosaik „Phoenix aus der Asche" ein Zeichen des Gedenkens aber auch ein Symbol des Neuanfangs.

21 Den Teufel ausgetrickst
Alte Brücke

„Am liebsten spazierte ich auf der großen Mainbrücke. Ihre Länge, ihre Festigkeit, ihr gutes Aussehen macht sie zu einem bemerkenswerten Bauwerk; auch ist es aus früherer Zeit beinahe das einzige Denkmal jener Vorsorge, welche die weltliche Obrigkeit ihren Bürgern schuldig ist. Der schöne Fluß auf- und abwärts zog meine Blicke nach sich; und wenn auf dem Brückenkreuz der goldene Hahn im Sonnenschein glänzte, so war es mir immer eine erfreuliche Empfindung", zeigt sich Goethe in „Dichtung und Wahrheit" begeistert über Frankfurts älteste Flussquerung. Die Alte Brücke, bereits 1222 erstmals urkundlich erwähnt, ist für die Entwicklung der Stadt als Handelszentrum nicht hoch genug einzuschätzen, war sie doch jahrhundertelang die einzige Brücke über den Main unterhalb von Würzburg und damit ein außerordentlich wichtiger Verkehrsweg der Nord-Süd-Achse. Noch heute ist das Wahrzeichen der Alten Brücke das Kruzefix mit dem goldenen „Brickegickel" auf der Spitze. 1401 wurde es auf dem Kreuzbogen aufgestellt, um die Stelle des tiefsten Fahrwassers zu markieren. An dieser Stelle fanden auch Hinrichtungen statt. Der Brickegickel ist Bestandteil der berühmtesten Sage Frankfurts: Der Baumeister, der mit der Brücke nicht rechtzeitig fertig wurde, ließ sich mit dem Teufel ein, der den Bau noch in der letzten Nacht vollendete. Im Gegenzug hatte der Teufel darauf bestanden, dass ihm die Seele des ersten lebenden Wesens, das über die Brücke gehe, gehöre. Nach altem Brauch musste der Baumeister als Erster die Brücke überschreiten. Dieser ließ jedoch ein Hahn über die Brücke laufen, was den Teufel sehr verärgerte.

22 Unglücklich verliebt
Madonna am Steinernen Haus
Markt 44

Viel Dichtung und wenig Wahrheit? Um die Entstehungsgeschichte der Madonna an der südwestlichen Ecke des Steinernen Hauses, ranken sich verschiedene Versionen einer unerfüllten Liebesgeschichte, wir stellen zwei vor: Der Großkaufmann Johann von Melem wollte im 15. Jahrhundert eine Madonna an seinem neuen Haus anbringen lassen. Deshalb beauftragte er den jungen Frankfurter Steinmetz Andreas. Eines Abends erblickte er hinter einem Fenster Ursula, die jüngere Tochter Johanns von Melem, die in seiner Jugend seine Spielgefährtin gewesen war. Die beiden verliebten sich. Wenige Zeit später sollte Ursula einen Kölner Kaufmannssohn heiraten und die Madonna bis zur Hochzeit fertiggestellt sein. Kurz vor dem Termin kamen Ursula und ihre Eltern eines Morgens an der verlassenen Werkstatt vorbei, lediglich die Madonna mit Kind stand in der Mitte, sie trug Ursulas Züge. Ursula bat ihren Vater daraufhin, die Hochzeit abzusagen. Oder war es anders? Johann von Melem ließ 1464 das Steinerne Haus errichten. Nach dem Tod der Mutter führte seine einzige Tochter Jutta den Haushalt und fand keinen Mann, weil ihr Herz dem Steinmetz Andreas gehörte. Jutta gab dem Drängen des Vaters nach, der sie mit einem Kölner Kaufmann vermählen wollte, wünschte sich aber zur Hochzeit eine Madonnenfigur. Der Vater beauftragte den Steinmetz Andreas mit der Arbeit. Ihr Jugendfreund meißelte in die Madonnenfigur das Gesicht der Jutta, hinterließ sein Werk und verschwand. Der Sage nach heiratete Jutta daraufhin nie.

Tatsächlich überliefert das erhaltene Familienbuch der Melems, dass Ursula den Frankfurter Patrizier Walter Schwarzenberg heiratete und nach dessen Tod Bernhard Rohrbach.

23 Ab in den Keller!
Die Schmiere
Seckbächer Gasse 4

Rudolf Rolfs gründete die Schmiere 1950 als „schlechtestes Theater der Welt", und das, obwohl damals, nach dem Zweiten Weltkrieg, gerade das Wirtschaftswunder losging und alles größer, schneller und weiter zu werden schien. Ein schöner Anachronismus, dieser Theaterzusatz, wie auch der Name selbst, ist es doch ein abfälliger Begriff für schlechtes Theater. In der Frankfurter Schmiere ist allerdings das Gegenteil der Fall. Ausgezeichnet geht es zu in dem verwinkelten Kellertheater mit dem legendären Pappvorhang und den vielen, vielen unterschiedlichen Stühlen. Kürzlich sind an der Wand noch Klappsitze von der Frankfurter Rennbahn dazugekommen. Auch so ein Stück Frankfurter Geschichte.

In der Schmiere gibt es Kabarett, Satire, hervorragende Unterhaltung mit Anspruch für ein Publikum, dass mal lächelnd, mal nachdenklich aus dem Keller dann wieder nach oben steigt. Kürzlich wurde die heutige Theaterleiterin Effi B. Rolfs, Tochter von Rudolf, mit der Goetheplakette der Stadt Frankfurt ausgezeichnet. Für ihre besonderen Verdienste und ihr schöpferisches Wirken im Frankfurter Kulturbetrieb. Sie führt das Theater seit nun schon 30 Jahren. Im Sinne ihres Vaters und doch auf ihre eigene Weise, und bis heute ohne Fördergelder. Damit sie dort weiterhin die Freiheit haben, nur das zu machen, was sie auch machen wollen – im Großen und Ganzen zumindest. Manches diktiert der (politische) Alltag, manches finden Rolfs und ihr Team, die ihre Stücke fast alle selbst schreiben, buchstäblich auf der Straße. Die Stadt Frankfurt ist eben auch selbst eine Bühne. Man muss nur die Augen offenhalten.

24 Gelehrte und Königswahlen

Dominikanerkloster

Kurt-Schumacher-Straße 23

Das 1233 gegründete Kloster ist heute Sitz des evangelischen Stadtdekanats Frankfurt und Offenbach und des Evangelischen Regionalverbands. Zudem tagt in dem von 1953 bis 1957 wiederaufgebauten Gebäude die Landessynode der Evangelischen Kirche in Hessen und Nassau.

Schon früh zog das Kloster bedeutende Gelehrte und Prediger an. So verbrachte beispielsweise der berühmte Gelehrte und später heiliggesprochene Albertus Magnus 1262 eine Zeitlang im Konvent. Die Klosterkirche galt neben St. Bartholomäus als das am reichsten geschmückte Gotteshaus in Frankfurt. Seine historische Bedeutung spiegelt sich auch darin wieder, dass die Könige Adolf von Nassau (1292), Heinrich VII. von Luxemburg (1308) und Günther von Schwarzburg (1349) hier gewählt worden sind, weil die Bartholomäuskirche zu dieser Zeit wegen Baumaßnahmen nicht nutzbar gewesen war. Mit der Einführung der Reformation (1533) in Frankfurt endete die Blütezeit des Klosters. 1803 fällt das Dominikanerkloster an die Freie Reichsstadt Frankfurt. Kurz vor dem Zweiten Weltkrieg war es Sitz des neugegründeten Museums für heimische Vor- und Frühgeschichte, bereits 1942 musste es kriegsbedingt schließen, Teile der Ausstellungsstücke wurden vernichtet. Am 18. März 1944 wurde das Dominikanerkloster durch Bomben zerstört und in den 1950ern auf altem Grundriss an der Kurt-Schumacher-Straße wieder aufgebaut. Die Heiliggeistkirche, ihren Chor im spätgotischen Stil hat man integriert, wurde 1961 wieder feierlich eingeweiht.

25 Die Krönungsstätte
Dom St. Bartholomäus
Domplatz 1

Der St. Bartholomäusdom ist das Baudenkmal Frankfurts. Die herausragende Bedeutung des Sakralbaus beruht auf seiner politisch-geschichtlichen Rolle. Das gotische Gebäude ist der dritte Kirchenbau an der gleichen Stelle, die Vorgängerbauten auf dem Domhügel reichen bis in die Zeit um 700 zurück. Das Frankfurter Wahrzeichen war lange Wahl- und Krönungsstätte der deutschen Kaiser und Könige und nahm damit eine gewichtige Rolle im deutschen Kaiserreich ein. Gewählt wurden die Kaiser und Könige in der angebauten Wahlkapelle, im Zeitraum von 1562 bis 1792 hat der Frankfurter Dom zehn Kaiserkrönungen gesehen.

Auch der Dom fiel den Luftangriffen des Zweiten Weltkrieges zum Opfer und wie bereits im Jahr 1867 brannte das Innere des Doms völlig aus. Diesmal jedoch hatte man die wertvolle Inneneinrichtung vorher in Sicherheit gebracht. 1953 war der Wiederaufbau abgeschlossen. Im Vorfeld der 1.200-Jahr-Feier der Ersterwähnung der Stadt erfolgte Anfang der 1990er Jahre eine intensive Restaurierung, bei der das Innere nach historischem Vorbild wieder in einem dunklen Rot mit dekorativer Fugenmalerei gefasst wurde. Die wertvollste Reliquie des Frankfurter Doms ist die Schädeldecke des Apostels Bartholomäus, seit 1239 Patron der Kirche. Seine kunstvolle Ausstattung birgt sehenswerte Altäre, geschnitztes Gestühl, Malerei und zahlreiche wertvolle Grabmäler. In der Vorhalle des Doms befindet sich der Eingang zum Dommuseum. Zu dessen bedeutendsten Exponaten gehört der Fund, der 1991 bei Ausgrabungen im Dom gemacht wurde: das Grab eines kleinen Mädchens, vermutlich einer merowingischen Adeligen, das im 7. Jahrhundert hier bestattet wurde. Ihr Grab ist am Eingang zum Dom mit einer Gedenkplatte angezeigt.

26 Über den Dächern der Stadt

Domturm

Domplatz 1

Zugegeben, man kommt schon etwas aus der Puste, wenn man die 328 Steinstufen der engen Wendeltreppe hochläuft, aber alle, die den Aufstieg zum 66 Meter hoch gelegenen Umgang erfolgreich gemeistert haben, werden mit einem sagenhaften Blick über die Stadt belohnt. Bis ins 20. Jahrhundert war der insgesamt 95 Meter hohe Domturm das höchste Gebäude der Stadt – heute ist dies der Frankfurter Fernsehturm mit seinen 337,5 Metern. Am 6. Juni 1415 wurde der Grundstein für den von Baumeister Madern Gerthener entworfenen Turm gelegt. Bis zu seiner Fertigstellung sollte einige Zeit ins Land gehen. Etwa einhundert Jahre baute man an dem spätgotischen Turm, stellte die Arbeiten dann jedoch ein, versah diesen noch mit einer Kuppel statt einer Spitze und ließ ihn unvollendet. Für etwa dreieinhalb Jahrhunderte fanden hier keine Bauarbeiten statt. Erst nach dem Dombrand im August 1867 wurden die Arbeiten wieder aufgenommen und der monumentale Kirchenturm nach den Originalplänen 1877 vollendet. Zusätzlich erhielt er im gleichen Jahr ein neues neunstimmiges Geläute, zudem auch die rund 12 t schwere Gloriosa, die zweitgrößte Bronzeglocke Deutschlands nach der Petersglocke (24 t) im Kölner Dom, gehörte. Das Bauwerk hatte jedoch nicht nur eine geistliche Funktion. Eine Wache achtete oben auf Feuer und nahende Feinde. Noch bis 1942 lebte ein Turmwächter in einer Wohnung. Im Zweiten Weltkrieg wurde der Turm nicht beschädigt, aber Bomben trafen das Querhaus und den Kreuzgang des St. Bartholomäus-Doms.

27 Fünf Prozent Zinsen

Eiserner Steg

Mainkai 39

Ob früher oder heute, Einheimische oder Gäste, Künstler oder Passanten – die beeindruckende Stahlkonstruktion zieht nahezu jeden in ihren Bann. Der Eiserne Steg gehört zu den bekanntesten und beliebtesten Baudenkmälern der Mainmetropole. Die etwa 170 Meter lange Fußgängerbrücke wurde von Johann Peter Wilhelm Schmick entworfen und am 29. September 1869 im Beisein des damaligen Oberbürgermeisters Daniel Heinrich Mumm von Schwarzenstein feierlich eingeweiht. Sie steht exemplarisch für Engagement und Tatkraft der Frankfurter Bürgerschaft. Jene hatte damals kritisiert, dass die Alte Brücke als alleinige in Frankfurt für den wachsenden Verkehr nicht mehr ausreichend sei. Sie ergriffen die Initiative, gründeten 1867 eine Gesellschaft zum Bau einer eisernen Fußgängerbrücke und verkauften Anteilsscheine in Höhe von jeweils 100 Gulden, die mit fünf Prozent verzinst wurden. Die erforderlichen 120.000 Gulden kamen rasch zusammen, so dass das Projekt von der Stadt verabschiedet wurde. Das eingesetzte Kapital sollte sich nach 20 Jahren durch die Einnahmen einer Brückenbenutzungsgebühr amortisiert haben und das Schwergewicht nach Tilgung der Stadt kostenlos übereignet werden. Die Brücke erfreute sich umgehend großer Beliebtheit, bereits am 1. Januar 1886 ging sie in den Besitz der Stadt über.

Geschmückt wird das 500 Tonnen schwere Bauwerk von einem Banner mit einem Zitat aus Homers „Odyssee": ΠΛΕΟΝ ΕΠΙ ΟΙΝΟΠΑ ΠΟΝΤΟΝ ΕΠ ΑΛΛΟΘΡΟΟΥΣ ΑΝΘΡΩΠΟΥΣ (Auf weinfarbenem Meer segelnd zu anderen Menschen). Die Inschrift geht auf den „Osterspaziergang" anlässlich des Goethejahres, seines 250. Geburtstags, im Jahr 1999 zurück.

Das Haus zum roten Löwen

27

28 Wo Voltaire und Mozart nächtigten
Fahrgasse

Zugegeben, nur noch wenig weist darauf hin, und dennoch: Die Fahrgasse ist einst eine der wichtigsten Nord-Süd-Achsen der Stadt gewesen. Der gesamte Verkehr über die damals noch einzige Mainquerung – die Alte Brücke – führte durch diese Hauptstraße, entlang derer sich eine Vielzahl bedeutender Gebäude, beispielsweise die Mehlwaage oder auch das Haus Fürsteneck etabliert hatten. In Letzterem eröffnete der Uhrmachermeister Wilhelm Christ sein erstes Geschäft, der Beginn seiner unternehmerischen Erfolgsgeschichte. Zwei der bedeutendsten Gasthöfe des alten Frankfurts sind hier ebenfalls verortet gewesen: das Haus Zum Goldenen Löwen, in dem Mozart logiert haben soll und sich Voltaire von Mai bis Juli 1753 zwangsweise als Gast aufgehalten hatte (ab 1839 Württemberger Hof), und das Haus Zum Englischen König. Mit dem Bau von Obermainbrücke (1874) und Untermainbrücke (1878) verlor die Alte Brücke und in der Folge auch die Fahrgasse an Bedeutung. Vom Historischen vergangener Jahrhunderte ist mit wenigen Ausnahmen, hierzu zählt der Löwenbrunnen von 1781 vor dem Haus Fahrgasse 27 – gegenüber des ehemaligen Standorts des Gasthofes „Zum Goldenen Löwen – und das ehemalige Wirtshausschild, ein Sandsteinrelief aus der Zeit um 1750, ansonsten wenig geblieben. Nachkriegsbauten aus den 1950er Jahren mit ihren miteinander verbundenen grünen Wohnhöfen und kleinen Brunnen säumen die beiden Seiten der heutigen Sackgasse, durch die sich entlang der zahlreichen Galerien, Antiquitätenläden und Cafés entspannt bummeln lässt.

29 Nur noch ein Name
Fahrtor

Das Fahrtor wurde 1456 bis 1460 erbaut und war das wichtigste mainseitige Frankfurter Stadttor, das den Römerberg – das Zentrum des historischen Stadtkerns – mit dem Hafen verband, der außerhalb der Stadtmauer lag. Mitte des 19. Jahrhunderts wurde es für den neuen Burnitzbau abgerissen. Bis heute erinnert der Straßenname an das zentrale Tor.

30 Alles Fassade?
Fassaden am Römerberg

Goldener Greif, Wilder Mann, Kleiner Dachsberg und
Schlüssel, Großer Laubenberg, Kleiner Laubenberg

Das Haus Goldener Greif wurde 1562 erbaut und hat die Adresse Römerberg 26. Umgebaut wurde es im 18. Jahrhundert. Es ist verputzt und hat einen mit Schiefer verkleideten Giebel. Der Wilde Mann steht am Römerberg 24 und wurde 1983 vollendet. Es handelt sich dabei um den Nachbau eines klassizistischen Neubaus um das Jahr 1800.

Die Hausnummern 20 und 22, Kleiner Dachsberg und Schlüssel, werden erstmals in der Brunnenrolle von 1541 als Doppelhaus unter einem Dach erwähnt. Die ehemalige Teilung ist auch bei ihrem Wiederaufbau nachempfunden, zu erkennen an der Fensteranordnung, besonders im Giebelfeld und im Erdgeschoss. Auch die Verdoppelung des mittigen Pfostens macht deutlich, dass es sich eigentlich um zwei Häuser handelt. Bis 1944 war das verschieferte Gebäude durchgehend mit Sichtfachwerk in historisch nicht belegter Konstruktion versehen, welches künstlich gealtert wurde.

Das Haus Römerberg 18, der Große Laubenberg, ist das einst älteste Haus am Samstagsberg. Es wurde noch vor 1500 errichtet. Das Fachwerk enthält mit überkreuzten, gebogenen Eckstreben und Viertelkreis-Fußbändern, typische Merkmale jener Zeitepoche. Historisch belegbar sind diese jedoch nicht, da der Große Laubenberg bis 1944 verschiefert war. Obwohl der Kleine Laubenberg (Römerberg 16) weitaus größer ist als der Große Laubenberg, tragen sie die umgekehrten Namen. Vermutlich liegt das daran, dass der Kleine Laubenberg ursprünglich nur die vordere Haushälfte zum Römerberg umfasste und erst zwischen 1544 und 1581 mit dem zum Rapunzelgässchen gelegenen Hinterhaus zusammengeführt wurde.

31 Lieber Fisch als Fleisch
Fisch Franke
Domstraße 9 – 11

Moritz Franke, der Gründer des Traditionsgeschäftes, war keinesfalls Fischer, sondern Metzger. Als er 1920 nach Frankfurt kam, be-
merkte er, dass es in der Frankfurter Altstadt an den Schirnen mehr
als genug Metzger gab – aber es fehlte an Fisch. Und so legte er
den Grundstein für eine Frankfurter Institution, die im kommenden
Jahr 100 Jahre alt wird: ein Fachgeschäft mit angeschlossenem
Imbiss. Heute ist Fisch Franke ein Ladengeschäft mit angeschlossenem Restaurant und Imbiss und über 130 Sitz- und Stehplätzen.
Seit den 1970er Jahren führt die Firma Nordsee Fisch GmbH die
Geschäfte – allerdings im besten Sinne und getreu der Tradition.
Die unzähligen Stammgäste wissen das zu schätzen. Denn seit je-
her ist Fisch Franke ein Treffpunkt für Menschen aus allen Kultu-
ren, für Banker in der Mittagspause, Rentner, Touristen, Nachbarn
– Frankfurter. Sie alle wissen die hohe Qualität des angebotenen
Fischs zu schätzen. Zu den Spezialitäten des Hauses zählt seit je-
her das Rotbarschfilet im Backteig mit hausgemachter Frankfurter
Grüner Soße und Salzkartoffeln. Wer noch nicht hier war, sollte das
schleunigst nachholen. Denn genau hier trifft man auf das unver-
stellte Frankfurt, so, wie es tatsächlich ist; einfach, ehrlich und gut.
Übrigens ist Fisch Franke auch noch aus einem anderen Grund eine
Oase, stehen ausgerechnet hier nämlich die einzigen Bäume der
ansonsten recht kahlen Neuen Altstadt. Unglaublich? Sehen Sie
selbst.

Judenmarkt

16. Jhdt.-1885

Börneplatz

1885-1935

Dominikanerp

1935-1978

Börneplatz

1978-1987

Neuer Börneplatz

seit 16.6.1996

32 Ort des Erinnerns
Gedenkstätte Börneplatz

Rechneigrabenstraße

Die 1996 eingeweihte Gedenkstätte besteht aus mehreren Elementen und erinnert an die im Holocaust vernichtete jüdische Gemeinde Frankfurts. Ein fünf mal fünf Meter großer Steinkubus, aufgeschichtet aus Fundamentresten der Judengasse, und ein 60 Exemplare umfassender Platanenhain gliedern den Platz an der Rechneigrabenstraße. Auf dem Grund befindet sich Basaltschotter, mit Metallschienen auf dem Boden ist der Grundriss der im November 1938 verwüsteten Börneplatz-Synagoge markiert. Im Norden schließt sich an den Platz der Alte Jüdische Friedhof Battonnstraße an, aus dessen Außenmauer weit über 11.000 kleine Stahlblöcke herausragen. Name, Geburt, Todestag und Deportationsort sind den Gedenkblöcken zu entnehmen, sie erinnern an die Frankfurter Juden, die während des Nationalsozialismus deportiert und ermordet worden sind.

Unter den Steinen befindet sich auch einer für Anne Frank, zudem wurde ein Stein ohne Namen und Daten aufgeführt: er steht für alle nicht-dokumentierten Schicksale. An der Rückwand des Stadtwerkegebäudes ist eine seit 1946 existierende Gedenktafel für die Synagoge platziert. Die wechselnden Namensgebungen des Platzes seit dem 19. Jahrhundert zeigen fünf Straßenschilder zur Rechneigrabenstraße hin: Zunächst hieß er Judenmarkt, ab 1885 Börneplatz, 1935 wurde er wegen seines jüdischen Namengebers in Dominikanerplatz umbenannt. 1978 erhielt er wieder den Namen Börneplatz, seit 1996 heißt er Neuer Börneplatz.

Als der „stadt franckenfurd werkmeister" entwarf der
Baumeister und Bildhauer

MADERN GERTHENER
(um 1365 – 1430)

maßgeblich den Turm des Kaiserdoms St. Bartholomäus,
dessen Bau er auch noch bis zum zweiten Stockwerk erlebte.
Zahlreiche weitere Bauten tragen seine Handschrift,
darunter der Eschenheimer Turm und die Alte Brücke.
Das Wirken des großen Baukünstlers der Spätgotik
prägte die Architektur der Stadt Frankfurt und des Mittelrheins.

33 Frankfurts Stararchitekt
Gedenktafel Madern Gerthener
Domplatz 1

Er war ein Stararchitekt des 14. und 15. Jahrhunderts und doch ist sein Name nur wenigen ein Begriff. Madern Gertheners Bauwerke hingegen kennt fast jeder, denn sie prägen noch heute das Stadtbild Frankfurts. Der Dom, die Alte Brücke, der Chor der Leonhardskirche, der Eschersheimer Turm und viele weitere Bauten tragen die Handschrift des gebürtigen Frankfurters. Madern Gerthener, 1365 als Sohn eines hiesigen Steinmetzmeisters geboren, wird im Jahr 1387 erstmals als Mitglied der Steinmetzzunft erwähnt. Während seiner mehrjährigen Wanderzeit als Geselle hat er vermutlich auch die Bau- und Bildhauerkunst der berühmten Baumeisterfamilie Parler kennengelernt, die auch in Prag am Veitsdom und am Ulmer Münster tätig gewesen ist. Spätestens 1392 war er nach Frankfurt zurückgekehrt, wo er Grabmale für Patrizier fertigte. 1395 trat er dann in den Dienst der Stadt und leitete als Werkmeister bis zu seinem Tod 1430 die Arbeiten an allen städtischen Bauwerken. Die Gedenktafel am Domturm würdigt den bedeutenden, aber kaum bekannten Frankfurter Architekten. Am Torbogen des Eschenheimer Turms findet sich noch heute sogar das Selbstporträt dieses großen Baukünstlers der Spätgotik.

34 Göttin Justitia
Gerechtigkeitsbrunnen
Römerberg

Zentral in der Mitte des Römerberges steht mit dem Gerechtigkeitsbrunnen eines der beliebtesten Fotomotive und Wahrzeichen der Stadt. Außergewöhnlich ist die fehlende Augenbinde der Justitia, die in Richtung Rathaus schaut, was als Mahnung an den Magistrat der Stadt interpretiert wird, Gesetz und Recht zu wahren. Der Vorgängerbau des Gerechtigkeitsbrunnens wurde 1543 eingeweiht. Johann Hocheisen schuf 1611 den heutigen achteckigen Brunnen samt Figur aus rotem Sandstein. Er gilt als ältester Springbrunnen Frankfurts. Schon der Vorgängerbau des Brunnens hatte 1562 während der ersten in Frankfurt stattfindenden Kaiserkrönung, Maximilians II., als Weinquelle für den Kaiser und die versammelten Schaulustigen gedient. Nach dem Dreißigjährigen Krieg und auch im 19. Jahrhundert, mit dem Niedergang der Altstadt, mussten Brunnen und Figur instandgesetzt werden. Friedrich Stoltze spottete damals über den maroden Zustand der Justitia: „Das ist die Frau Gerechtigkeit! Sieht aus wie Schlechtigkeit; Die Waag' ist fort, dass Gott erbarm, Zum Teufel samt dem halben Arm." Der heutige Springbrunnen stammt aus dem Jahr 1887 und ist eine Kopie, die von dem Frankfurter Weinhändler Gustav D. Manskopf gestiftet wurde. Die Figur der Justitia samt Waage, Schwert und ihrem Sockel mit allegorischen Darstellungen der vier Tugenden – Gerechtigkeit, Mäßigung, Hoffnung, Liebe – ist im Gegensatz zu ihrem steinernen Vorgänger ein Bronzeguss. Während der Bombardierung im März 1944 blieben Brunnen und Skulptur nahezu unbeschädigt.

35 Große Schmuckelemente
Glauburger Hof
Braubachstraße 31

Für den Wiederaufbau der Frankfurter Altstadt kamen Handwerker und Fachleute aus ganz Deutschland zusammen, Zimmerer, Steinmetze und viele weitere Experten bewiesen an den Rekonstruktionen ihr Können. Doch auch bei den Neubauten war Fachwissen gefragt, etwa für die Schmuckfassade des Hauses „Zum Glauburger Hof" aus Betonfertigteilen. Das größte Schmuckelement ist 9,50 Meter lang und einen Meter hoch. Auf ihm steht in 60 Zentimeter hohen Lettern der Name des Gebäudes. Insgesamt besteht die Fassade aus 30 dieser Teile mit einer Ansichtsfläche von 300 Quadratmetern. 21 Kubikmeter Beton kamen bei der Herstellung der Schmuckelemente zum Einsatz.

Errichtet wurde der Glauburger Hof 1913, nach dem Durchbruch der Braubachstraße in die Altstadt. 1972 wurde das Gebäude mit den markanten Jugendstil-Ornamenten abgerissen, um Platz für das Technische Rathaus zu schaffen. Beim neu entstandenen Glauburger Hof handelt es sich um einen so genannten adaptiven Nachbau, bei dem die Architekten abwägen, ob sie die entwurfs- und qualitätsbestimmenden Merkmale erhalten oder neu interpretieren. Daraus ergeben sich zwei Schwerpunkte: die Konstruktion der Fassade und ihrer Proportionen. Beides wurde im Neubau zitiert. Der Schriftzug im Giebel, „Das Neue stürzt und altes Leben blüht aus den Ruinen", ist angelehnt an ein Schiller-Zitat aus Wilhelm Tell und könnte als Leitspruch für das gesamte Projekt der Neuen Frankfurter Altstadt gelten.

Im Erdgeschoss betreiben die Zeleke-Brüder Mengi, Taff und Yeshi die Café-Bar „Herz". Das Neonschild hat übrigens Tobias Rehberger, international gefeierter Kunststar, entworfen.

36 Unser Dichterfürst

Goethehaus

Großer Hirschgraben 23 – 25

Bis zum Jahr 1795 war das Haus am Großen Hirschgraben der Wohnsitz der Familie Goethe. Hier wurde „mit dem Glockenschlage zwölf" am 28. August 1749 Johann Wolfgang Goethe geboren und lebte hier – mit Ausnahme seiner Studienjahre in Leipzig und Straßburg –, bis er 1775 nach Weimar ging, gemeinsam mit seiner Schwester Cornelia und den Eltern Catharina Elisabeth, genannt Frau Aja, und Johann Caspar. 1795 verkaufte die Mutter das Haus, da es für sie nach dem Tod ihres Mannes schwer zu bewirtschaften war. 1859 erwarb es der wissenschaftliche Bürgerverein Freies Deutsches Hochstift. Dieser richtete es nach dem Vorbild historischer Quellen und den Lebenserinnerungen Goethes als eine der ersten Dichter-Gedenkstätten wieder her und machte das Haus für die Öffentlichkeit zugänglich. Das Gebäude wurde durch die Luftangriffe auf Frankfurt am 22. März 1944 – übrigens Goethes 112. Todestag – schwer beschädigt. Doch begann schon 1947 die originalgetreue Rekonstruktion, über die es erbitterte Debatten gab. Zu den Befürwortern zählten unter anderem der Nobelpreisträger Hermann Hesse und der Philosoph Karl Jaspers. 1951 wurde das Goethehaus wiedereröffnet, die während des Krieges ausgelagerten Bücher, Gemälde, Handschriften und Gebrauchsgegenstände zurückgebracht.

Direkt neben dem Goethehaus entsteht derzeit das Deutsche Romantik-Museum. Basis für das Museum ist eine weltweit einzigartige Sammlung zur Literatur der deutschen Romantik, die in den vergangenen 100 Jahren vom Freien Deutschen Hochstift, seit 1863, hier zusammengetragen wurde. Die Eröffnung des neuen Romantik-Museums ist im Frühjahr 2020 geplant.

37 Das Zuckerbäckerhaus
Goldene Waage

Markt 5

Sie ist das Prunkstück der Neuen Altstadt und eines der 15 originalgetreu nachgebauten Häuser. Rekonstruiert wurde es von den Frankfurter Architekten Jourdan & Müller, unter Verwendung zahlreicher erhaltener Bauteile. Ursprünglich erbaut hatten es der wohlhabende Gewürzhändler und Zuckerbäcker Abraham van Hamel und seine Frau Anna van Litt von 1618 bis 1621 als Wohn- und Geschäftshaus. Die beiden waren Glaubensflüchtlinge aus den spanischen Niederlanden. 1889 ging das Haus in den Besitz der Stadt über. Bis zum Zweiten Weltkrieg galt die Goldene Waage als eines der Vorzeigehäuser der Renaissance in Frankfurt und beherbergte eine Zweigstelle des Historischen Museums. Das Mobiliar wurde bereits 1933 ausgelagert und überstand dadurch den Zweiten Weltkrieg. Zukünftig soll in den oberen Stockwerken ausgestellt werden, wo das Historische Museum sechs möblierte Räume einer wohlhabenden Bürgerfamilie des 17. Jahrhunderts nachbilden wird. Im Hinterhaus befindet sich das Stoltze-Museum.

Aufgrund seiner Bedeutung war die Quellenlage zur Goldenen Waage sehr gut, so dass die Rekonstruktion detailreich erfolgen konnte. Auf ihrem Dach befindet sich damals wie heute ein Dachgarten, ein so genanntes „Belvederchen", von dem man einen spektakulären Blick auf die Altstadt und die Skyline hat. Die Fassade des Hauses ist reich mit den verschiedensten Ornamenten und feinen Plastiken verziert. So findet man goldene Drachen als Wasserspeier, die beiden äußeren Konsolsteine zeigen so genannte „Neidköpfe", fratzenhafte Gesichter, die das Haus vor bösen Geistern schützen sollen. Auch die Erbauer selbst sind in Stein gemeißelt: der Hausherr mit einem französischen Schnauzbart, seine Frau trägt eine Frisur, die zeigte, dass sie verheiratet ist.

38 Prägende Tordurchgänge

Goldenes Kreuz

Braubachstraße 25b / Neugasse 4

Das Haus wird geprägt von drei Tordurchgängen. Sie verbinden das Gebäude mit der Braubachstraße 23 und ordnen die städtebauliche Situation zwischen dem Verbindungsweg Rebstockhof/Neugasse, dem Hof des neuen Hauses selbst und der Neugasse als einer der wichtigsten Nord-Süd-Verbindungen der Altstadt. Das Baugrundstück ist mit seinen 60 Quadratmetern übrigens vergleichsweise klein, dennoch sind hier 158 Quadratmeter Nutzfläche entstanden, die sich auf Einzelhandel im Erdgeschoss und Wohnen in den Obergeschossen verteilen. Die Architektur setzt sich intensiv mit seinem Vorgängerbau auseinander, dem 1944 verbrannten Goldenen Kreuz.

Im Erdgeschoss ist die „Barbier Stube Alt" ansässig, ein Herrensalon, der vom Haarschnitt bis zur Bartpflege und dem passenden Pflege-Equipment für Zuhause alles anbietet, was das Männerherz begehrt. Ernst Ludäscher, der Urur-Großvaters des heutigen Barbiers Dennis Alt, lebte übrigens in der Frankfurter Altstadt. Als er seine Arbeit wegen der Inflation verlor, bot der Pfarrer des Doms ihm an, die Domglocken zu läuten. Allerdings musste die ganze Familie zuvor konvertieren.

39 Tristesse war gestern
Graffiti an der Kleinmarkthalle
Kleinmarkthalle

Zahlreich sind sie versammelt: Heinz Schenk, Goethe, Otto Hahn, Anne Frank, Handkäs, Grüne Soße, Äppelwoi, diverse Gemüsesorten, Alte Oper, Eiserner Steg, Eintracht-Adler Attila und viele mehr – ein Abstecher in die Kleinmarkthalle macht immer Laune, doch auch ein Besuch der Rückseite des Genusstempels sorgt seit drei Jahren für begeisterte Gesichter. Öde Tristesse war gestern, jetzt wird gestrahlt und vor allem entdeckt. Auf 120 Metern hat die Offenbacher Agentur artmos4 ein Graffiti-Kunstwerk kreiert, welches berühmte Frankfurter Persönlichkeiten, Wahrzeichen sowie Sehenswürdigkeiten und Lebensmittel aus dem Sortiment der Kleinmarkthalle farbenfroh und großflächig an einer Wand versammelt. Der Schriftzug „Frankfurt" steht im Zentrum, eingerahmt von Heinz Schenk und Goethe. Jeder Buchstabe steht gestalterisch für etwas typisch Frankfurterisches. Eine Menge Kreativität zusammengetragen, um die nördliche Parkplatzseite freundlicher zu gestalten. Nehmen Sie sich Zeit, das ist bunt, vielfältig und charmant – wie die benachbarte Kleinmarkthalle.

40 Frankfurts erste Bank
Großer und Kleiner Engel
Römerberg 28

Steht man mit dem Gesicht zur Ostzeile, ist der große und kleine Engel das ganz linke Gebäude. Faktisch handelt es sich um ein Doppelhaus. Die offizielle Adresse ist Römerberg 28. Urkundlich erwähnt wurde das Gebäude zum ersten Mal 1342. Der Name des Gebäudes geht wohl auf den ersten Besitzer, Angelus von Sassen, zurück. Ab 1458 war es in Besitz des Münzmeisters Friedrich Nachtrabe, der hier eine Wechselstube errichtete. Die Lage des Gebäudes am Eingang des Marktes war dafür tatsächlich ideal, war dies doch eine der Haupteinkaufsstraßen der damaligen Zeit. Vom 16. bis 19. Jahrhundert kannte man das Haus auch unter dem Namen „Die Wechsel" oder „Zum Wechsel", im 17. Jahrhundert wurde hier die erste Frankfurter Bank gegründet. Übrigens befindet sich hier bis heute eine Wechselstube. Bis ins frühe 19. Jahrhundert war das Haus eine gute Einnahmequelle für seine Besitzer, es ist bildlich in diversen Krönungstagebüchern aufgeführt, so dass man die optische Veränderung klar erkennen kann: 1658 ist es noch ein reines Fachwerkhaus, 1742 ist bereits die gesamte Fassade zum Römerberg verschiefert. 1905 erwarb die Stadt das Gebäude, ließ es restaurieren und das Fachwerk freilegen. Bei der Rekonstruktion der Ostzeile war die Wiedererrichtung des Großen Engels mit freigelegtem Fachwerk ohne Verschieferung umstritten, prägte diese doch sein Bild fast 200 Jahre.

Eine Besonderheit sowohl am Kleinen wie auch am Großen Engel sind die zahlreichen Inschriften, vor allem Bibelzitate oder Verweise darauf, sowie Figuren aus Himmel und Hölle. Der Große Engel gilt ebenso wie der Schwarze Stern als herausragende Rekonstruktion seiner Zeit.

41 Barockperle
Grüne Linde

Markt 13

Die rekonstruierte „Grüne Linde" am Markt 13 liegt prominent im Zentrum der neuen Altstadt und blickt auf den Stoltze-Brunnen sowie den Hühnermarkt. Besonders auffällig ist die reichhaltig verzierte Barockfassade. Das Erdgeschoss aus Main-Sandstein schmückt unter anderem ein Hausschild mit dem Symbol einer Linde. Architektonische Gestaltungselemente wie der Dreiecksgiebel mit seiner floralen Ornamentik aus Stuck sowie das Ovalfenster, auch Oculusfenster oder Ochsenauge genannt, bereichern zudem die detailreiche Fassade. Das Dachgeschoss verfügt über ein breites Zwerchhaus.

Die „Grüne Linde" wurde 1439 erstmalig urkundlich erwähnt und Mitte des 18. Jahrhunderts barock umgebaut. Bis 1877 befand sich im Erdgeschoss eine Kolonialwaren-Handlung, danach wurde das Haus bis 1935 als Gasthaus „Zur Grünen Linde" genutzt. Heute lädt Balthasar Ress' Weinbar & Vinothek zum Verweilen ein. In der Vinothek können fast alle aktuellen Weine, Sekte und Spirituosen des Rheingauer Weinguts probiert werden, um für den Kauf die richtige Wahl zu treffen. Neben den Weinen selbst bietet die Vinothek auch zahlreiche Accessoires rund ums Thema Wein an.

42 Drehscheibe des Diskurses
Haus am Dom
Domplatz 3

Das Haus am Dom ist ein Bildungs-, Kultur- und Tagungszentrum des Bistums Limburg. Es versteht sich selbst als Plattform zwischen Kirche und Gesellschaft sowie als Drehscheibe des städtischen und gesellschaftlichen Diskurses. In dem früheren Hauptzollamt neben dem Kaiserdom St. Bartholomäus finden seit der Eröffnung durch den damaligen Bischof Franz Kamphaus im Januar 2007 Gesprächsrunden, Podien und Tagungen zu aktuellen gesellschaftlichen, religiösen und kulturellen Themen statt.

Das Bauwerk mit dem steilen Satteldach entstand 2007 nach Plänen des Frankfurter Architekten Jochem Jourdan auf dem Unterbau des ehemaligen Hauptzollamtes von 1927. Werner Hebebrand hatte dieses als Teil des Projekts Neues Frankfurt geschaffen. Neu gebaut wurde der Kopfbau, in dem der Saal sowie die Seminar- und Veranstaltungsräume des Zentrums untergebracht sind. Im Erdgeschoss befindet sich ein italienisches Restaurant.

43 Goethes Tante Melber
Haus Esslinger und
Alter Esslinger
Hinter den Lämmchen 2 / Hinter den Lämmchen 4

Zwei Häuser tragen den Namen Esslinger, der auf eine Familie zurückgeht, die aus dem Schwäbischen nach Frankfurt kam. Im 16. Jahrhundert wurde das gotische Fachwerkhaus erweitert und der „Alte Esslinger" daneben gebaut, allerdings im Stil der Renaissance.

Der Esslinger war das Wohnhaus von Goethes Tante, Johanna Maria Melber, genannt Tante Melber, und war eines der bekanntesten Bürgerhäuser Frankfurts. In den Jahren 1755 bis 1756 wohnte auch der junge Johann Wolfgang, damals sechs Jahre alt, mit seiner Schwester Cornelia hier, während deren eigenes Wohnhaus umgebaut wurde. In „Dichtung und Wahrheit" beschreibt er nicht nur das Leben am Hühnermarkt, sondern auch und vor allem seine Tante Melber, die selbst elf Kinder hatte und eine lebenslustige, warmherzige Person gewesen sein muss. Ein Schriftzug auf dem großen Querbalken über dem ersten Stock des Esslingers und ein Porträt an der Außenfassade erinnern an sie. Auch heute spielen Kinder wieder eine zentrale Rolle in beiden Häusern, denn das Struwwelpeter-Museum, das bislang im Westend untergebracht war, hat in beiden Häusern, die im Inneren miteinander verbunden sind, seinen Sitz.

44 Als einziges Fachwerk unversehrt

Haus Wertheym

Fahrtor 1

Einst war das Haus Wertheym am Fahrtor 1, gegenüber dem Historischen Museum, ein Fachwerkhaus unter vielen. Zwar hervorstechend wegen seines massiven Unterbaus aus rotem Main-Sandstein mit den sieben Arkadenbögen, aber sonst nichts Besonderes. Erst die britischen Luftangriffe auf Frankfurt machten das „Haus Wertheym" zu einer Rarität, denn es überstand den Bombenhagel vom 22. März 1944 als einziges der über 1.200 Altstadthäuser fast unbeschädigt. 1963 wurde es unter Denkmalschutz gestellt.

Mit seinen beiden über die Steinarkaden herausragenden Fachwerkobergeschossen und dem verschieferten Dachgiebel gilt es heute als typisches Beispiel für den Frankfurter Baustil. Urkundlich erwähnt wurde das Haus Wertheym erstmals 1383. Doch der Bau, der bis heute zu sehen ist, entstand erst ab 1600, das heute prägende Fachwerk wurde Anfang des 19. Jahrhunderts ergänzt.

Zunächst war das Haus Wertheym ein öffentliches Badehaus, dann Zollhaus und Proviantlager der Mainschiffer, im 18. Jahrhundert wurde es zum Quartier der Stadtgarde. Im Rahmen der 1926 begonnenen „Altstadtgesundung" des „Bundes tätiger Altstadtfreunde" wurde das Haus Wertheym renoviert und das Fachwerk freigelegt. Schon damals befand sich im Untergeschoss ein Café und eine Gaststätte, die zu den ältesten der Stadt zählt. Es ist bis heute in Privatbesitz. Mitten im Schankraum der Gaststätte kann man übrigens den eindrucksvollen Pfahl aus Eichenholz betrachten, der im Fundament verankert ist und der das Haus stützt – buchstäblich so stark, wie man es diesem Baum gemeinhin nachsagt.

45 Frankfurter Nase
Haus Würzgarten
Markt 28

Zum ersten Mal wird das Haus „Würzgarten" im Jahr 1292 urkundlich erwähnt. Damals befand sich hier ein Gewürzkontor. Bei dem
Gebäude handelt es sich um ein typisches verputztes Fachwerkhaus mit verschiefertem zweigeschossigen Giebel. Gemäß dem
historischen Vorbild ist das Gebäude im Erdgeschoss einschließlich
der Decke massiv ausgeführt. Die Außenwand wurde mit Sandstein
verkleidet.

Blickt man an der Fassade nach oben, entdeckt man direkt am Giebel eine Auskragung, ein spätgotisches Element, das „Frankfurter
Nase" genannt wird. Noch deutlicher tritt es zum Vorschein, wenn
man das Gebäude von der Seite betrachtet – da kommt die Nase
tatsächlich gut zur Geltung. Und sie ist so passend zum Namen,
der wiederum bis heute einen Hinweis darauf gibt, dass es hier tatsächlich einmal recht intensiv nach Kräutern und Gewürzen geduf-
tet haben muss. Möglicherweise sogar so sehr, dass es empfindli-
chen Nasen durchaus „blümerant" zumute werden konnte, wie der
Frankfurter sagt. Denn im Erdgeschoss befand sich bis zum Zweiten
Weltkrieg eine „Droguen- und Materialwaarenhandlung", die von
Philip Gallus Mettenheimer Anfang des 18. Jahrhunderts gegründet
wurde, und wo auch schon Johann Wolfgang von Goethe und seine
Mutter Aja eingekauft haben sollen. Heute führt Rena Jarosewitsch
hier ihre Schmuckgalerie „Feinform". Ihre Idee war es auch, am
Haus Würzgarten eine Lichtinstallation anzubringen – zwei Hände
mit solarbetriebenen Kugelleuchten, die Jarosewitsch „das Pendel
der Zeit" nennt und die auf die lange Geschichte des Hauses auf-
merksam machen sollen. Entworfen hat sie die Schmuckdesignerin
selbst.

HEUSSENSTAMM STIFTUNG   HEUSSENSTAMM GALERIE

46 Teilhabe an kultureller Vielfalt

Heussenstamm-Stiftung und Galerie

Braubachstraße 34

Die Heussenstamm-Stiftung ist eine der ältesten Bürgerstiftungen Frankfurts. Gegründet wurde sie 1912 von Carl Jacob Moritz Heussenstamm. Sie unterstützt und fördert bedürftige Frankfurter Bürger, geistige Arbeiter und ausgewählte Frankfurter Künstler, die auch die Möglichkeit haben, in den wunderbaren eigenen Galerie-Räumen auszustellen. Meist haben die Ausstellungen eine Laufzeit von sechs Wochen, die Vernissagen finden an einem Dienstag statt. Vorgestellt werden Arbeiten aller Gattungen und Arten der bildenden Künste – Malerei, Grafik und Skulptur, Fotografie, Film- und Videokunst, Installationen und Cross-Over. Ein weiteres zentrales Anliegen ist es, verstärkt auch junge Menschen an die Arbeit der Galerie heranzuführen – seien es Künstler oder Besucher. Denn das gehört zum Bildungsauftrag, den Stiftungsgründer Heussenstamm ebenfalls als Stiftungszweck im Blick hatte.

47 Ein Blick in die Schneekugel

Historisches Museum (hmf)

Saalhof 1

Wie auch das Städel, ist das Historische Museum (hmf) eine Initiative von Frankfurter Bürgern. Es wurde 1877/78 gegründet, um als Bildungseinrichtung „geeignete Gegenstände aus dem gesamten Gebiet der Kultur- und Kunstaltertümer mit besonderer Berücksichtigung der Stadt Frankfurt am Main und ihrer Umgebung zu erwerben und sie durch wissenschaftliche Erforschung nutzbar zu machen". Es ist das älteste städtische Museum Frankfurts.

Nach dem Ersten Weltkrieg gab es bedeutende Exponate an das Städel und das Museum für Kunsthandwerk (heute MAK) ab, und verstand sich als reines „Heimatmuseum". Nach dem Zweiten Weltkrieg bezog man den Burnitzbau des historischen Saalhofs. 1957 fand hier die Wiedereröffnung statt. 1972 wurde ein fensterloser Sichtbetonbau anstelle des „Hauses Freudenberg" gesetzt, der wiederum 2011 abgerissen wurde. 2017 eröffnete das neue hmf in den sanierten Altbauten, die nicht nur als Ausstellungsgebäude dienen, sondern selbst gleichzeitig auch 800 Jahre Frankfurter Baugeschichte zeigen und ein eigenes kleines hmf-Quartier bilden. Insgesamt verfügt das hmf nun über eine Ausstellungsfläche von fast 6.000 Quadratmetern. Passend zum neuen Selbstverständnis gibt es multimediale und interaktive Ausstellungsteile, die die Entwicklung Frankfurts von der mittelalterlichen Kaiserpfalz zur europäischen Finanzmetropole zeigen. Besonders spektakulär ist dabei die riesige Schneekugel, die Frankfurt unter acht unterschiedlichen Aspekten zeigt. Seit Februar 2018 ist auch das Junge Museum wieder Teil des hmf und richtet sich explizit an Besucher im Alter von sechs bis 14 Jahren.

48 Die Weinrebe hinauf
Hof zum Rebstock
Braubachstraße 15

Der Rebstockhof wurde 1342 zum ersten Mal erwähnt. Er war ein historischer Patrizierhof und neben dem Nürnberger Hof einer der größten Messehöfe im Mittelalter und der frühen Neuzeit. Der Bau der Braubach- und Domstraße zerstörte einen großen Teil des Ensembles und öffnete es nach Norden und Osten zu den neuen Straßendurchbrüchen. Die heutige Rekonstruktion geht auf ein Gebäude zurück, das im 18. Jahrhundert gebaut wurde, allerdings wurden auch ältere Teile integriert, so etwa das Sockelgeschoss aus Mainsandstein oder die Laubengänge, die ein typisches Element für die Renaissance in Frankfurt sind. Im Laufe der Zeit veränderte sich auch seine Nutzung – vom Handelshof mit Unterkünften über einen Handwerkerhof und Gaststätte bis hin zum Sauerkrauthandel. Bis zu seiner Zerstörung im Zweiten Weltkrieg gehört der Rebstockhof zu den damaligen „Places to be", wie man heute sagen würde. Woher der Name stammt, ist unklar. Ein Anhaltspunkt könnte das bis heute erhaltene und als Spolie in die Hausmauer eingefügte „Winzerdenkmal sein, das einen Mann zeigt, der an einer großen Weinrebe hinaufsteigt. Für den Frankfurter Architektur- und Landschaftsmaler Maler Carl Theodor zu Reiffenstein war die Plastik eines der „Wahrzeichen von Frankfurt am Main". Reiffensteins Werk ist übrigens eine der wertvollsten Quellen für das Leben und die Veränderungen in der Frankfurter Altstadt im 19. Jahrhundert.

Heute gehört das Gebäude sowie die Brauchbachstraße 21 der zweitältesten öffentlichen mildtätigen Stiftung Frankfurts, dem St. Katharinen- und Weißfrauenstift, die hier im Erdgeschoss ihr Seniorencafé betreibt.

49 Oase der Köstlichkeiten
Iimori
Braubachstraße 24

Azko Iimori ist nicht nur Namensgeberin der japanisch-französischen Pâtisserie, sondern auch Gründerin und kreativer Kopf dieses kulinarischen Gesamtkunstwerks. Denn längst gehen hier nicht nur köstliche Torten und Süßigkeiten über die Ladentheke, sondern im ersten Stock befindet sich ein veritables Restaurant im Pariser Salonstil, in dem japanische Köstlichkeiten serviert werden, oder wo man samstags ab 12 Uhr ein reich bestücktes Brunchbüffet vorfindet. Und das Beste: Die äußerst kreative Chefin backt nicht nur selbst, sondern sie gibt auch noch kulinarische Kurse für jedermann, etwa zu den Themen Macarons, Petit Fours oder Sushi.

Neben ihrem Geschick fürs Backen und Kochen hat die Autodidaktin noch tausend weitere Talente – mindestens. Sie spielt Harfe, malt, schneidert, bringt Menschen zusammen, lacht, lebt und hat sich in Frankfurt ihre eigene, fantastische Iimori-Welt gezimmert. Denn auch, was das Thema Einrichten betrifft, vertraut Azko Iimori vor allem ihrem feinen Gespür für Atmosphäre. Und so hat sie in Frankfurt Wohlfühlorte geschaffen, die zum Genießen einladen. Übrigens wählte der *Feinschmecker* das Iimori zu einem der besten Cafés in Deutschland.

50 Das Gedächtnis Frankfurts
Institut für Stadtgeschichte
Münzgasse 9

Das Karmeliterkloster in der Münzgasse 9 beherbergt das Gedächtnis der Stadt Frankfurt. Das Stadtarchiv, 1992 in Institut für Stadtgeschichte umbenannt, bewahrt seit 1436 schriftliche Zeugnisse der Stadt und gilt heute als eines der ältesten und umfangreichsten deutschen Kommunalarchive. 1959 wurden die Räumlichkeiten im Karmeliterkloster bezogen. Der Archivbestand wächst seither beständig. Um der Zunahme Herr zu werden und der daraus resultierenden Platznot begegnen zu können, gibt es seit 2004 ein großes Magazingebäude im Frankfurter Stadtteil Seckbach. Das Institut für Stadtgeschichte umfasst derzeit, verteilt auf die beiden Standorte Karmeliterkloster und Borsigallee, über 25 Regalkilometer Archivalien sowie eine umfangreiche Präsenzbibliothek. Mit seinen regelmäßigen Vorträgen, Ausstellungen, Führungen, Publikationen und weiterer Veranstaltungen, verfolgt das Institut das Ziel, seine Bestände und Arbeit einer breiten Öffentlichkeit bekannter zu machen und Frankfurter Geschichte zu vermitteln.

51 Galerie der Herrscher
Kaisersaal

Römer

Der wohl bekannteste Raum des Römers befindet sich oberhalb der Römerhalle im zweiten Obergeschoss. Es ist der „VIP-Raum" der Stadt, in dem alle wichtigen Veranstaltungen, Ehrungen, Empfänge usw. stattfinden. Hier trugen sich bereits John F. Kennedy und der Dalai Lama ins Goldene Buch der Stadt ein, ebenso mehrfach die deutsche Fußballnationalmannschaft der Herren und der Damen, die sich auf dem Balkon des Römers traditionell bejubeln lassen, wenn sie bei Turnieren einen der ersten drei Plätze erreicht haben. Auch die Frankfurter Eintracht, der FSV Frankfurt und der 1. FFC Frankfurt feiern hier ihre Erfolge.

Seit 1612 war der Kaisersaal Schauplatz der Krönungsbankette nach der Kaiserwahl, das letzte fand am 5. Juli 1792 für Kaiser Franz II. statt. Seit 1711 hängen in dem Raum die Porträts aller 52 Kaiser des Heiligen Römischen Reichs. Die heutige Galerie entstand zwischen 1838 und 1853. Hinter den Gemälden, in den gotischen Wandnischen, befanden sich Büsten der Kaiser, die im Zweiten Weltkrieg verbrannten. Die Bildnisse reichen von Karl dem Großen bis zu Franz II., und sind, bis auf die Karolinger, lebensgroß dargestellt. Die Gemälde sind jeweils 2,80 m hoch und 80 cm breit. Im Jahr 1848 sollte noch einmal an die große Vergangenheit des Kaisersaals und des Römersaals als „hus des riches" angeknüpft werden, und die Nationalversammlung wollte hier tagen. Aus Platzgründen wurde das erste frei gewählte deutsche Parlament jedoch in die benachbarte Paulskirche verlegt. In einer Glasvitrine ist eine Kopie der Goldenen Bulle von 1356 ausgestellt, die Frankfurt zum Wahlort der deutschen Könige bestimmte. Der Kaisersaal kann, wenn keine Veranstaltungen stattfinden, zu folgenden Öffnungszeiten besucht werden: Mo – So, 10 – 13 und 14 – 17 Uhr.

52 Feinste Bohne
Kaffee Wacker
Kornmarkt 9

68 Kaffeeröstereien gab es in Frankfurt bis in die 1960er Jahre. Übrig geblieben sind drei. Eine davon gehört zum Kaffee Wacker. „Café Wacker" sagt in Frankfurt niemand, obwohl das 1914 von Luise Wacker gegründete Unternehmen jedem Kaffeehaus alle Ehre macht: Ein Caféchen in einem Einzelhandelsgeschäft, wo stets und ständig die Sitzplätze rar sind. Doch das macht nichts. Bis auf die Straße stehen die Leute Schlange um die Mittagszeit. Sommers wie winters. Es sind Banker, Nachbarn, Studenten, Mütter, Börsianer, Rentner, Handwerker – Frankfurter. Menschen, die sonst immer in Eile sind, kommen hier zur Ruhe. Haben plötzlich Zeit und warten auf ihre Tasse frisch gebrühten Bohnenkaffee und ein Lächeln, denn das gibt es gratis dazu. Sie warten gerne, auch wenn der Genuss manchmal nur zwei, drei kleine Espresso-Schlucke lang währt, ein Vielfaches weniger als die Zeit, die es dafür anzustehen galt. Doch für den Genuss des vielleicht besten Kaffees der Stadt nimmt man diese Unannehmlichkeiten gerne in Kauf – wobei, wirklich unangenehm ist es ja nicht. Eben weil es so eng ist im Wacker, kommt man ins Gespräch. Und hat man es erst einmal zu der kleinen Kaffeetheke geschafft, muss man auch schon wieder den Weg zurück antreten, in den Händen den Kaffee balancierend, um irgendwo draußen einen Platz zu ergattern. Und sei es auf der gegenüberliegenden Mauer des Parkhauses Hauptwache. Dabei rempelt man unvermeidbar an die anderen Wartenden. Aber auch das scheint niemanden zu stören. „Tschuldigung, sorry, pardon, Verzeihung". So ist es eben im Wacker.

53 Mythischer Stadtgründer

Karl der Große im hmf und auf der Alten Brücke

Saalhof 1, Alte Brücke

Zwei Mal Karl der Große in der Frankfurter Altstadt?! Klar! Einmal als Spolie im zweiten Stock des Historischen Museums Frankfurt (hmf) und einmal als Rekonstruktion auf der Alten Brücke. Zuvor hat der Kaiser von 1986 an den Eingang des alten Historischen Museums bewacht und verschwand nach dessen Abriss 2011 für ein paar Jahre im Depot. Dort entstand die Idee, eine originalgetreue Rekonstruktion mit einem 3D-Laserdrucker anzufertigen. Diese konnte am 1. Oktober 2016 auf die Alte Brücke zurückkehren. Der rekonstruierte Karl steht, mit dem Blick nach Westen, Richtung historischer Stadtkern, in der Nische, in der zwischen 1967 und 2003 das Brückenkreuz stand. Denn dort ist auch der eigentliche Standort für das Standbild – zumindest war es so vorgesehen, als das Städel die Statue der Stadt 1843 schenkte. Nach dem Abriss der Alten Brücke im Jahr 1914 wurde der Kaiser dann in den Hof des Historischen Museums gebracht. Dort wurde er bei den Bombenangriffen auf Frankfurt im März 1944 an Kopf und Händen beschädigt und schließlich vom Bildhauer Edwin Hüller neu gestaltet. Wer ihnen besser gefällt, die Rekonstruktion oder das Original, müssen die Besucher selbst entscheiden. Der mythische Stadtgründer und der Brickegickel sind übrigens die Wahrzeichen der Alten Brücke. Diese hatte auch der Philosoph Arthur Schopenhauer stets im Blick, denn der wohnte in unmittelbarer Nähe, an der Schönen Aussicht 17. Eine Inschrift an jenem Haus verweist heute auf den berühmten Bewohner.

54 Genusstempel für alle Sinne
Kleinmarkthalle

Hasengasse 5 – 7

Von außen etwas unscheinbar, bietet der denkmalgeschützte Bau aus den 1950ern in seinem Innern einen Quell köstlichster lukullischer Freuden. Hören, schmecken, riechen, fühlen – die Kleinmarkthalle ist ein Genusstempel für alle Sinne. Auslagen aller Art werden hier an 156 Marktständen feilgeboten. Auf rund 1.500 Quadratmetern werden Lebensmittel, Obst, Gemüse, Fleisch, Fisch & Meeresfrüchte, Backwaren und etliches mehr aus hiesigen Gefilden, aber auch exotische Spezialitäten verkauft. Feinschmecker freuen sich zudem über die Imbiss-Stände in der Halle.

Zahlreiche traditionelle Straßennamen und Plätze Frankfurts, beispielhaft seien der Weckmarkt und der Hühnermarkt genannt, weisen darauf hin, dass frische Waren auf öffentlichen Marktplätzen verkauft worden sind. Im 19. Jahrhundert ließen die gestiegenen Ansprüche an Hygiene Forderungen nach einer Regulierung des Marktbetriebes aufkommen. 1871 beschloss der Magistrat die Errichtung einer städtischen Markthalle zwischen Fahrgasse und Hasengasse. Die dreischiffige Eisenkonstruktion wurde 1879 eröffnet und erfreute sich rasch großer Beliebtheit. Friedrich Stoltze: „Gemieß, Kardoffel und was noch all, des kriecht mer hier in dere Hall. Und owwe uff der Galerie, da möpselts nach Fromaasch de Brie." Nach ihrer Zerstörung im Zweiten Weltkrieg wird die Kleinmarkthalle 1954 im neuen Gebäude und an einem leicht veränderten Standort wiedereröffnet. Sie zieht sich heute von der Hassengasse bis zum Liebfrauenberg und ist von beiden Seiten zugänglich.

55 Treppenturm mit Haube
Klein Nürnberg

Hinter dem Lämmchen 8

Wenige Schritte vom Kunstverein entfernt, befindet sich „Klein Nürnberg", einst ein prachtvoller dreigeschossiger Renaissancebau, der etwa Ende des 15. Jahrhunderts erbaut wurde. Im Erdgeschoss befand sich eine gewölbte spätgotische Kaufhalle mit sechs Kreuzgratgewölben über zwei runden Mittelpfeilern mit einer Deckenhöhe von 4,30 m – unter der Planung von Dreysse Architekten und Jourdan & Müller wurde alles wieder rekonstruiert. Mit zwei Überhängen verspringen die beiden Fachwerkgeschosse in den Straßenraum. Hohe geschieferte Wellengiebel richten sich dreiseitig zu den Gassen und zum Hof. In der Nordostecke des Hauses ragt ein zeittypischer Treppenturm mit charakteristischer Haube auf – in der Spitze gibt es sogar ein Zimmer mit Ausblick über die Dachlandschaft der Altstadt.

Das Haus Klein Nürnberg ist Teil des einstigen Nürnberger Hofs, der einst als großes Messe- und Handelsquartier wohlhabender Nürnberger Kaufleute diente. Sie nutzten das Anwesen während ihrer Messebesuche in Frankfurt. Heute befindet sich der Evangelische Regionalverband Frankfurt am Main, ein Zusammenschluss der Frankfurter Kirchengemeinden und des Evangelischen Stadtdekanats Frankfurt, in den Räumlichkeiten. Neben der Verwaltung erfüllt der Verband vielfältige Aufgaben in den Bereichen Bildung, Diakonie, Seelsorge und Beratung, Jugendarbeit sowie Migrations- und Flüchtlingshilfe.

56 Fünfziger Jahre integriert
Kornmarkt-Arkaden
Berliner Straße 55

Einen Steinwurf von der Paulskirche entfernt, zwischen Bethmannstraße und Berliner Straße, steht das Areal des ehemaligen Bun-
desrechnungshofes, wo von 1953 bis 2000 die Aufsicht über die
Haushalts- und Wirtschaftsführung des Bundes ihren Sitz hatte,
bevor sie als Kompensation für den Umzug der Bundesregierung
nach Berlin in Bonn ihre Zelte aufgeschlagen hat.

2012 hat die Stadt Frankfurt das von den Architekten Werner
Dierschke und Friedel Steinmeyer entworfene Ensemble als „Denkmal des Jahres" ausgezeichnet. Heute befinden sich an dieser
Stelle die Kornmarkt-Arkaden, ein Neubau, der den denkmalge-
schützten Gebäudeteil von 1953 integriert. Wesentliche Teile der
prägenden Fassade und ein Wandbild des Künstlers Eberhard
Schlotter im früheren Eingangsbereich sind erhalten geblieben. Bis
auf die zeittypischen Treppenhäuser wurde das markante Hauptge-
bäude entkernt und für Büronutzung neu aufgebaut. Neben Büros,
Wohnungen, Handel und Gastronomie befindet sich hier nun auch
ein Hotel mit 470 Zimmern.

57 Den Hammer in der Hand
Kunst- und Auktionshaus Döbritz

Braubachstraße 10-12

Seit über 53 Jahren kommen im Auktionshaus Döbritz im wahrsten Sinne des Wortes Gemälde, Grafik, Fotografie, Ikonen, Skulpturen, Tapisserien, Teppiche, Uhren und Silber unter den Hammer. Spezialisiert ist das Haus vor allem auf Kunst, Kunsthandwerk, Möbel, Porzellan, Fayencen, Uhren und Schmuck des 17. bis 20. Jahrhunderts. Heute führt Anja Döbritz-Berti die Geschäfte, gegründet wurde das Auktionshaus von ihren Eltern. Übrigens läuft eine Auktion auch in Zeiten von ebay ganz genau so ab, wie man sich das vorstellt oder vielleicht im Fernsehen gesehen hat: der Auktionator, in diesem Fall die Auktionatorin, steht an einem Pult, den Hammer in der Hand und organisiert die Gebote.

Bei Döbritz gibt es jedes Jahr drei bis vier große Auktionen. Meist in den Monaten März, Juni und Oktober. Doch selbstverständlich können Interessierte immer auch den so genannten „Freihandverkauf" besuchen. Hier findet man stets eine große Auswahl an Gemälden, Zeichnungen, Bronzen, Uhren, Teppichen, Möbeln, Glas, Porzellan, Silber und Schmuck, ohne an einen Auktionstermin gebunden zu sein. Doch auch, wer einfach nur mal einen Blick in das Auktionshaus werfen möchte, ist willkommen. Und von außen ist das Haus ebenfalls sehenswert, denn die schöne Sandsteinfassade des Erdgeschosses mit ihren hohen Fenstern ist vom Zweiten Weltkrieg verschont geblieben.

58 Bitte wieder mit Hut

Langer Franz / Kleiner Cohn

Ecke Bethmannstraße / Buchgasse,
Ecke Buch- und Limpurger Gasse

Nach der Rekonstruktion der Neuen Altstadt ist vor dem Wiederaufbau! Diesmal geht es um den Langen Franz, genauer um dessen „Hut". Langer Franz war der Name des großen nördlichen
Rathausturms, an der Ecke Bethmannstrasse und Buchgasse, der
zwischen 1900 bis 1908 im Zusammenhang mit der großen Rat-
hauserweiterung gebaut wurde. Und der soll doch nun bitte sehr
endlich wieder seine auffällige hohe Spitze zurückbekommen, und
damit von derzeit 40 auf respektable 75 Meter anwachsen. Bis zum
Zweiten Weltkrieg saß nämlich ein steiles, vielgestaltiges Dach auf
dem Gebäude, dem alten Brückenturm nachempfunden, der von
1345 bis 1765 auf der Sachsenhäuser Seite der Alten Brücke stand.
Damit war der Lange Franz nach dem Dom das zweithöchste Gebäude der Stadt. Es gab schon einige Initiativen, die sich für den
Hut des Langen Franz einsetzten – bislang erfolglos. Nun kämpft
der Brückenbauverein für das Vorhaben – unter dem Vorsitz des
renommierten Architekten Christoph Mäckler. Sogar OB Feldmann
steht hinter dem Vorhaben und mit ihm eine Vielzahl anderer pro-
minenter Frankfurter, die für den Wiederaufbau Spenden sammeln.
Langer Franz heißt der Turm, den bis heute zwei Glasmosaikbilder
des heiligen Florian und des Erzengels Michael zieren, übrigens
nach dem einstigen hochgewachsenen Oberbürgermeister Franz
Adickes. Der kleinere Turm am Südflügel trägt den Namen „Kleiner
Cohn" nach einem ursprünglich antisemitischen Operettenlied. Er
steht an der Ecke von Buch- und Limpurger Gasse. Beide Türme
haben eine zentrale Bedeutung für die historische Skyline. Nach-
dem der Römer durch Luftangriffe im März 1944 beschädigt wurde, stehen die beiden Türme nur notdürftig wiederhergestellt mit
schlichten, fast flachen Dächern im Stadtbild.

59 Frankfurter Maßeinheit
Leinwandhaus
Weckmarkt 17

Das gegen Ende des 14. Jahrhunderts gebaute gotische Leinwandhaus am Weckmarkt war eines der ältesten in der Stadt. Zunächst fungierte es als Handelskontor für Stoffe aller Art – von Seide aus Italien bis zu Flachs aus Dieburg –, später wurde es eine Art Multifunktionshalle für Stoffe. Die Vergangenheit und der Bezug zu Textilien sind noch heute an der Außenwand sichtbar. Am Eingang des Caricatura-Museums zeigt eine Eisenstange, eine Nachbildung, die wichtige Maßeinheit „Frankfurter Elle" (54,73 Zentimeter). Mit ihr konnten die Tuchhändler ihre Waren nach einem einheitlichen Maß abmessen.

Der Leinwandhandel war vom Mittelalter bis ins 18. Jahrhundert eine bedeutende Quelle für den Wohlstand der Stadt. Bereits mit dem Verlust der Messefunktion an Leipzig war er in Frankfurt seit Mitte des 18. Jahrhunderts rückläufig. Die einsetzende Industrialisierung und der Eisenbahntransport beendeten schließlich im 19. Jahrhundert den klassischen Leinwandhandel und die damit verbundenen Funktionen des Leinwandhauses endgültig. Im Lauf der Jahrhunderte zeigte sich der Profanbau in seiner Funktion flexibel, er war Gefängnis, Tanzsaal, Lazarett, Schwurgericht, Lagerraum für diverse städtische Vorräte und sogar Schlachthaus. Im Zweiten Weltkrieg wurde das Leinwandhaus in Mitleidenschaft gezogen. Anfang der 1980er Jahre kam es zum Wiederaufbau der Ruine mit einem klaren Nutzungszweck für Kultur. Dabei wurde die vorhandene historische Bausubstanz integriert. 1984 konnte das Leinwandhaus wiedereröffnet werden. Seit Oktober 2008 ist das caricatura museum hier zu Hause.

60 Einzigartige Schatzkiste
Leonhardskirche

Am Leonhardstor 25

Am nördlichen Mainufer, in der Nähe des Eisernen Stegs gelegen, befindet sich mit der Leonhardskirche eines der ältesten Gotteshäuser Frankfurts. Das markante Gebäude wurde 1219 als spätromanische Kirche errichtet und im Laufe seiner Geschichte gotisch umgebaut. Mit ihrem hängenden Gewölbe von Hans Baitz aus den Jahren 1508–1518 gehört die Seitenkapelle auf der Nordseite, Salvator-Chörlein genannt, zu den einzigartigen spätgotischen Schätzen in der Leonhardskirche. Die Fenster des Hochchores gehören zu den wenigen, in einer Frankfurter Kirche noch erhaltenen Zeugnissen mittelalterlicher Glasmalerei sowie zu den umfangreichsten Ansammlungen alter Kirchenfenster in ganz Hessen. Das Gebäude hat eine durchaus bewegte Geschichte: Kaiser Friedrich II. von Hohenstaufen schenkte der Frankfurter Bürgerschaft 1219 einen Platz zum Bau einer Kapelle zu Ehren der Gottesmutter Maria und des Heiligen Georg. 1323 erwarb die Bürgerschaft eine Reliquie (den Arm) des heiligen Leonhards, dem Schutzheiligen der Gefangenen, der der Kirche den bis heute gültigen Namen gibt. Bis weit über das Mittelalter hinaus hatte die Kirche zudem die Funktion als Zwischenstation und Pilgerkirche. Sichtbar wird dies heute noch am Tympanon des romanischen Pilgertores. Im 17. Jahrhundert vermietete die Leonhardskirche aus Geldnot Räume der Kirche für Druckschriften. 1793 wurde sie von französischen Revolutionstruppen in ein Magazin umgewandelt, Anfang des 19. Jahrhunderts diente sie als Kriegsgefangenenlager für preußische Soldaten. 1803 kommt sie wieder in den Besitz der Stadt und wird 1809 erneut als Gotteshaus eröffnet. Heute gehört die Leonhardskirche, die als einzige Frankfurter Kirche im Zweiten Weltkrieg nahezu unzerstört geblieben ist, zur katholischen Dompfarrei St. Bartholomäus.

61 Delphine und Flaneure
Liebfrauenberg

In unmittelbare Nachbarschaft zur Liebfrauenkirche und Töngesgasse liegt der Liebfrauenberg. Noch im 14. Jahrhundert wurde er zunächst als Rossebühel bezeichnet, ein Name, der im Zusammenhang des nahe gelegenen Rossmarktes steht, denn dort fanden jeweils Pferdemärkte statt. Historisch der zweite große Platz in der mittelalterlichen Altstadt, ist er heute vor allem im Sommer ein beliebter Treffpunkt und attraktiver Ort für Flaneure sowie fester Bestandteil von Veranstaltungen wie Blumen- oder Weihnachtsmarkt. Mitten auf dem Platz steht ein großes Becken mit stattlichem Brunnen samt Obelisk und Plastiken. Der spätbarocke Springbrunnen aus Sandstein wurde 1770 von Johann Michael Datzerath geschaffen. Im Brunnenbecken erhebt sich auf einem Brunnenstock eine Säule mit barockem Schmuck. An den Seiten der hier eingelassenen Bronzetafeln gießen Moenus und Rhenus (Main und Rhein) Wasser in ausladende Muschelbecken, die auf den gekreuzten Körpern von Delphinen ruhen. Aus den Mäulern der Delphine strömt zusätzliches Wasser auf direktem Weg ins Bassin. Das Frankfurter Stadtwappen ziert die Säulenfront. Ihre Spitze trägt eine vergoldete Sonne. 1970 hat der Bildhauer Kurt Zobel die Figuren und die Säule kopiert und neu errichtet. Seit Juli 1973 lässt die Stadtverwaltung wieder Wasser in den Brunnen fließen. Mit dem „Haus zum Paradies" befindet sich gegenüber des Liebfrauenberges, Ecke Liebfrauenberg und Neue Kräme, eines der wenigen Gebäude, welches der Stadt aus den Zeiten des Barocks erhalten geblieben ist.

62 Besinnung und Einkehr
Liebfrauenkirche
Scharfengäßchen 3

Die dreischiffige gotische Hallenkirche entstand vom 14. bis 16. Jahrhundert als Bürgerstiftung und lag im Mittelalter an einem der wichtigsten Plätze der Altstadt. Heute befindet sie sich mitten in der City und hat eine wichtige Funktion bei der innerstädtischen Seelsorge. Bis 2013 war sie nicht nur Klosterkirche des Kapuzinerklosters, sondern auch Gemeindekirche. Seit 2014 hat sie keine eigene Gemeinde mehr. Dennoch ist sie eines der spirituellen Zentren des Rhein-Main-Gebiets. An der Südseite der Liebfrauenkirche findet man eines der wenig bekannten, aber umso bedeutenderen Kunstwerke Frankfurts: das Tympanon Madern Gertheners, das die Vorankündigung der Geburt Christi an die Hirten durch Engel, die Heiligen Drei Könige und die Anbetung der Weisen an der Krippe zeigt. Einen Besuch wert ist unbedingt der „Hof der Stille". Hier findet man inmitten des Großstadttrubels einen wunderbaren Ort der Besinnung und Einkehr, der auch bei Nicht-Gläubigen sehr beliebt ist. Im benachbarten „Franziskustreff" bieten die Kapuzinerbrüder Bedürftigen jeden Tag ein Frühstück an. Die Liebfrauenkirche ist täglich von 5.30 bis 21 Uhr geöffnet – länger als alle anderen Frankfurter Kirchen.

AN DIESER STELLE
VERBRANNTEN
AM 10. MAI 1933
NATIONALSOZIALISTISCHE
STUDENTEN
DIE BÜCHER VON
SCHRIFTSTELLERN
WISSENSCHAFTLERN
PUBLIZISTEN
UND PHILOSOPHEN
2001

DAS WAR EIN VORSPIEL NUR, DORT WO MAN BÜCHER VERBRENNT, VERBRENNT MAN AUCH MENSCHEN

1820
H. HEINE

63 Mahnmal Bücherverbrennung

Literatur in Flammen

Römerberg

Am 10. Mai 1933 fand in Frankfurt die von der Deutschen Studentenschaft landesweit organisierte Bücherverbrennung statt. Rund 15.000 Beteiligte – u. a. Professoren, Studenten, einfache Leute, SA – versammelten sich hierfür auf dem Römerberg. Die sogenannte Feuerrede hielt der evangelische Pfarrer Otto Fricke, im Anschluss an seine Ansprache loderten ca. 9.000 Bücher in den Flammen. Daran erinnert nahe dem Gerechtigkeitsbrunnen, eine am 10. Mai 2001 enthüllte bronzene Gedenktafel von Willi Schmidt. Auf ihr steht: „An dieser Stelle verbrannten am 10. Mai 1933 nationalsozialistische Studenten die Bücher von Schriftstellern Wissenschaftlern Publizisten und Philosophen. 2001" Zusätzlich ergänzt um das Zitat aus Heinrich Heines Almansor, welches aus heutiger Sicht wie eine düstere Prophezeiung wirkt: „Das war ein Vorspiel nur, dort wo man Bücher verbrennt, verbrennt man am Ende auch Menschen. Heinrich Heine 1820"

Auch in zahlreichen weiteren Universitätsstädten in Deutschland karrten Nazis am 10. Mai 1933 Tausende Bücher aus Bibliotheken heran, um sie an öffentlichen Plätzen zu verbrennen. Zu den betroffenen Arbeiten gehörten Werke berühmter Autoren, etwa Erich Kästner, Kurt Tucholsky und Heinrich Mann. Die Bücherverbrennungen sind der Höhepunkt der Kampagne „Wider den undeutschen Geist", mit der die vom NS-Studentenbund dominierte Deutsche Studentenschaft ab März 1933 begann, jüdische und politisch missliebige Schriftsteller zu verfolgen.

64 Zwischen sachlich und formenreich

„Torhaus"

Markt 2

Der Gestaltungsbeirat empfahl die Errichtung des winkelförmigen Hauses, um das Dom-Römer-Areal mit der sich anschließenden Bebauung zu verbinden. Als veritables Torhaus vermittelt es zwischen dem formenreichen Hof zum Rebstock und dem sachlichen Haus am Dom, bzw. dem Krönungsweg. Der Markt 2 ist in schlichtem, hellen Sandstein gehalten, mit einem eleganten Schieferdach. Neben dem zweigeschossigen Tor gibt es einen weiteren Durchgang, der allerdings nicht öffentlich ist – er führt ihn einen kleinen Wohnhof im hinteren Gebäudeteil, dieser wiederum ist durch ein Gitter von der Öffentlichkeit getrennt. Ein weiterer Durchgang, der sich neben dem Hoftor befindet, führt zu einem separaten Hauseingang. Das ist übrigens häufig so in der Neuen Altstadt, dass derartige Torbögen oder Durchgänge die Schnittstelle zwischem öffentlichem und privatem Raum markieren, diese jedoch nicht nur voneinander abgrenzen, sondern auch miteinander in Beziehungen setzen.

Spannend ist das Konzept der unterschiedlichen Tordurchgänge: Der größte ist für die Öffentlichkeit, der mittlere, durch das Gitter verschlossene, führt zu einem halböffentlichen, von fünf Häusern gemeinsam genutzten Hof, und der kleinste führt zu einem privaten Hauseingang.

65 Auf Kaisers Spuren
Krönungsweg

Markt

Das Gebiet um den Markt zählt zu einer der ältesten Siedlungsflächen Frankfurts. Geprägt war und ist es durch zwei Erhebungen, die man auch heute noch erkennt: den Domhügel und den Samstagsberg. Der Markt gehörte zum regelmäßigen Straßenraster der Altstadt, das in der Stauferzeit ab Ende des 12. Jahrhunderts entstand und die großen Plätze miteinander verband. Seine Lage begünstigte die Ansiedlung von Handelsgeschäften, sogenannten Kramläden oder Krämen, die vor allem während der Frankfurter Messen für den Warenumschlag genutzt wurden. 1296 bezeichnet ein Zinsbuch des Bartholomäusstiftes den ganzen Straßenzug zwischen Fahrgasse und Römerberg als „Vicus Apothecae".

Als Frankfurt im Jahr 1356 durch die Goldene Bulle als Wahlstätte der deutschen Kaiser bestätigt wurde, erhielt der Markt den Beinamen „Krönungsweg" oder „Via Regia". Hier entlang zog der neu gewählte Kaiser zum Römer, um sich vom Volk und dem Rat der Stadt bejubeln zu lassen. Dies steigerte die Bedeutung des Marktes in den folgenden Jahrhunderten erheblich und machte die anliegenden Grundstücke zu einem bevorzugten Wohnort wie Baugrund für Adel und begütertes Stadtbürgertum.

MINI

SCHIRN

66 Kunstparcours für Kinder

Minischirn

Römerberg

Der einzigartige Kunstparcours auf einer Fläche von gut 100 Quadratmetern richtet sich an die jüngsten Besucher der Schirn, also Kinder im Alter von drei bis acht Jahren. Sie können hier auf eine ästhetische Entdeckungsreise gehen. Experimentieren, Anfassen, Zusammenbauen, Auseinandernehmen ist hier genauso erlaubt wie gewünscht. Schließlich sollen die Kleinen auf diese forschende Art und Weise ganz von selbst ästhetischen Phänomenen, physikalischen Gesetzmäßigkeiten oder Kompositionsprinzipien auf den Grund gehen und diese buchstäblich begreifen. Dabei gewinnen sie nicht nur neue Einsichten, sondern lernen auch, ihren Fähigkeiten zu vertrauen und eigene Entdeckungen und ästhetische Erfahrungen zu machen. In der Minischirn werden Kinder und der ihnen immanente Forscherdrang ernst genommen. Auf spielerische Art erobern sie sich die Welt der Farben, Formen und Strukturen – ganz bewusst ohne Eltern aber mit ganz viel Spaß, denn Kinder sehen und erleben ihre Umwelt anders. In der Minischirn werden ihnen vielfältige Impulse gegeben – haptische, praktische und optische, ohne dass ihnen vorher erklärt wird, was sie erwartet oder bestimmte Vorgehensweisen vorgegeben werden. Sie können in diesem kreativen Erlebnisbereich ganz allein ihrer natürlichen Neugier nachgehen und spielerisch die unterschiedlichen Ebenen der Minischirn erkunden. Dabei machen sie permanent und doch nebenbei ganzheitliche ästhetische Erfahrungen – und das ist wirklich toll!

67 Das Stöffche kam später
Mosaik im Rathaus-Innenhof
Römerberg 23

Das Mosaik über dem Torbogen im Innenhof des Rathauses am Römerberg 23, dort wo sich beispielsweise auch der Parkplatz des Stadtoberhauptes befindet, nimmt sich dem Thema der Weinlese an. Wein und Frankfurt, passt das zusammen? Selbstverständlich! Frankfurt ist keinesfalls von jeher die Apfelweinstadt gewesen, als die sie heute meist wahrgenommen wird. Die Stadt kann mit dem Lohrberger Hang im Stadtteil Seckbach und dem eigenen Weingut mit Sitz in Hochheim auf eine jahrhundertealte Weintradition zurückblicken. Die Freude der Frankfurter am Rebensaft unterstreicht eine Begebenheit aus der Zeit des Dreißigjährigen Krieges (1618 bis 1648): Der Rat hatte die Vorräte innerhalb der Stadtmauern zählen lassen, um einschätzen zu können, wie lange eben diese in einem Belagerungsfall reichen würden. Das Ergebnis lässt aufhorchen: Auf den Dachböden der Kirchen und weiterer öffentlicher Gebäude lagerten Kornvorräte für drei Jahre, in den Kellern der Bürger Weinvorräte für ein Jahrzehnt!

Die städtischen Weinerzeugnisse können im Gutsausschank des Römers, Limpurgergasse 2, probiert und erworben werden. Ein Schild am Anfang der Limpurger Gasse mit dem Wappen der Stadt Frankfurt weist den Weg zum Weinverkauf.

Der Apfelwein konnte sich in Frankfurt übrigens erst im 19. Jahrhundert durchsetzen. Gründe hierfür waren der Verfall der Weinkultur infolge von Klimaveränderungen, militärischer Verwüstungen und die Ausbreitung der aus Amerika eingeschleppten Reblaus.

68 Ruinen eröffnen Perspektiven

Museum Judengasse

Battonnstraße 47

Bei dem Vorhaben, auf dem Gelände des ehemaligen jüdischen Ghettos an der Kurt-Schumacher-Straße ein neues Verwaltungsgebäude für die Stadtwerke Frankfurt zu bauen, stoßen die Beteiligten 1987 auf die Überreste und Grundmauern zahlreicher Gebäude der ehemaligen Judengasse. Eine öffentliche Kontroverse über den Umgang mit dem Fund beginnt, an deren Ende ein Kompromiss steht: Fünf Hausfundamente werden abgetragen und im Keller des neuen Verwaltungsgebäudes am Originalplatz wieder aufgebaut sowie ein Museum eingerichtet. 1992 findet die Eröffnung des Museums Judengasse als Dependance des Jüdischen Museums statt. Die Ausstellung im Museum, Battonnstraße 47, erzählt die Geschichte und Kultur von Juden in Frankfurt anhand von Objekten und Dokumenten, die in den Ruinen von fünf Häusern der früheren Judengasse präsentiert werden. Besucher erhalten Einblicke in Traditionen, die in der Judengasse gepflegt wurden.

Die 1460 an der Staufenmauer errichtete Frankfurter Judengasse war das erste jüdische Ghetto in Europa. Im 17. Jahrhundert wuchs seine Bevölkerung auf über 3.000 Menschen an, bis nach dem Ende der Napoleonischen Kriege die Anordnung für die jüdische Bevölkerung, sich in der Judengasse anzusiedeln, aufgehoben wurde. Das Ghetto wurde in den 1870er Jahren abgerissen; der benachbarte alte Jüdische Friedhof aber blieb erhalten. Die in der Nähe gelegene Börneplatz-Synagoge wurde während des Novemberpogroms 1938 zerstört.

69 Außergewöhnliches Tortenstück

MMK Museum für Moderne Kunst

Domstraße 10

Dass MMK ist ein Eldorado für Freunde der modernen Kunst und gehört weltweit zu den bedeutendsten Museen seiner Art. Die Sammlung umfasst über 5.000 Werke der europäischen und amerikanischen Kunst der 1960er Jahre bis hin zu Positionen der internationalen Gegenwartskunst. Die Arbeiten stellen einen Querschnitt aller Gattungen aus Malerei, Skulptur, Video, Fotografie und Performance dar. In regelmäßigen Sonderausstellungen präsentiert das Museum internationale Protagonisten und aktuelle Entwicklungen der zeitgenössischen Kunst.

Der 1991 eröffnete, dreieckig-postmoderne Museumsbau des Wiener Architekten Hans Hollein, auch liebevoll „Tortenstück" genannt, ist für sich bereits ein spektakulärer Anziehungspunkt. Neben dem Haupthaus in der Domstraße 10, verfügt das Museum über eine Dependance im Taunus-Turm, unweit des Bahnhofsviertels, mit 2.000 Quadratmetern Ausstellungsfläche. Hinzu kommt der Standort im ehemaligen Frankfurter Hauptzollamt. Das 1927 von Werner Hebebrand erbaute Gebäude liegt dem Haupthaus schräg gegenüber, hier werden jüngere künstlerische Positionen präsentiert.

70 Nomen est Omen
Neues Paradies
Markt 14

Ein verheißungsvollerer Name als für diese Adresse lässt sich wohl kaum denken. Das Gebäude mit der komplett verschieferten Fassade steht an der Kreuzung zwischen Hühnermarkt und Krönungsweg und vermittelt nicht nur zwischen beiden Straßenräumen, sondern auch zwischen der Architektur der verbrannten Altstadt und der Gegenwart. Interessant ist die komplett verschieferte Fassade, die durch die so genannte „Altdeutsche Deckung" der Platten sehr individuell wirkt. Einen spannenden und dennoch gleichzeitig ruhigen Kontrast zum Anthrazit der Schindeln bilden die in Ochsenblut-Rot gehalten Fenster, die nicht in die Tiefe, sondern nach vorn in den Stadtraum hineinversetzt sind.

Das Gebäude gilt als äußerst gelungenes Beispiel dafür, wie Architektur des 21. Jahrhunderts den Raum gestalten kann, ohne dabei auf Mittel der Rekonstruktion zurückgreifen zu müssen, und wie sich die Moderne mit vergangener Baukunst versöhnen kann.

Im Untergeschoss hat der traditionsreiche Frankfurter Juwelier Friedrich seine neue Dependance gefunden. Hier hat der heutige Eigentümer, Marc Stabernack, mit seinem feinen Sinn fürs Schöne für sich und seine Kunden – wie passend – ein kleines Paradies erschaffen. Vor allem die hellgrüne, mit Goldstreifen und den Allegorien Frühling und Herbst verzierte Wandverkleidung springt sofort ins Auge. 300 Jahre ist sie alt, ein Schmuckstück, passend zu den angebotenen Preziosen aus seinem Hause. Übrigens wurde der Juwelier bereits drei Mal mit dem „Diamonds-International Award" bedacht, der höchsten Auszeichnung für Juwelen-Design. Schön.

71 Fachwerk ohne Vorbild
Ostzeile
Römerberg

Wer es nicht besser weiß, könnte davon ausgehen, dass die Häuser gegenüber dem Frankfurter Rathaus Römer alt sind. Tatsächlich handelt es sich aber bei der so genannten „Ostzeile" auf dem Samstagsberg um eine mehr oder weniger originalgetreue Rekonstruktion, die zwischen 1981 und 1983 entstand, denn beim Luftangriff am 22. März 1944 brannten die Gebäude des Samstagsberges bis auf Teile der steinernen Untergeschosse nieder. Es war ausgerechnet der spätere Frankfurter Oberbürgermeister Rudi Arndt – genau, „Dynamit-Rudi", der einst die Ruine der Alten Oper sprengen lassen wollte –, der 1974, damals noch hessischer Wirtschaftsminister, den Stein zu den Rekonstruktionen, einem 100-Millionen-Mark-Projekt, ins Rollen brachte. Über dem gerade fertiggestellten U-Bahnhof Dom / Römer befand er, sollten Bauten „in der Art der damaligen Altstadthäuser entstehen". Arndt löste damit eine Debatte aus, die der ähnelte, die im Vorfeld des Abrisses des Technischen Rathauses geführt wurde. Geschichte wiederholt sich manchmal eben doch ...

Von Norden nach Süden tragen die Häuser folgende Namen: Großer und Kleiner Engel, Goldener Greif, Wilder Mann, Kleiner Dachsberg und Schlüssel, Großer Laubenberg, Kleiner Laubenberg und Schwarzer Stern. Ihr Wiederaufbau barg einige, vor allem technische, Schwierigkeiten. Am häufigsten monierten die Kritiker, dass die Fassaden überwiegend nicht verputzt oder verschiefert sind, so wie es eigentlich der Frankfurter Tradition entspricht, sondern hier ohne historisches Vorbild mit Fachwerk rekonstruiert wurde. Dennoch zählt die Ostzeile zu einem der beliebtesten Fotomotive Frankfurts, sie machte den Römerberg wieder zu Frankfurts „gut Stubb".

HIER STAND DAS GEBURTSHAUS VON
OTTO HAHN
8·3·1879 – 28·7·1968
ENTDECKER DER KERNSPALTUNG
NOBELPREISTRÄGER
EHRENBÜRGER DER STADT FRANKFURT AM MAI

72 Frankfurter Kernspalter
Otto Hahn-Denkmal

Ziegelgasse

Zahlreiche berühmte Persönlichkeiten nennen Frankfurt ihre Heimatstadt, auch einer der meistgeehrten und höchstdekorierten Wissenschaftler aller Zeiten: Der Chemiker und Atomforscher Otto Hahn wurde hier, am 8. März 1879, als jüngster von vier Söhnen eines Glasermeisters geboren. Am Standort des Denkmals in der Ziegelgasse stand das Geburtshaus des Frankfurter Ehrenbürgers. Neben der Bronzebüste befinden sich hier zwei Schrifttafeln. Auf einer Tafel steht: „92 Uran + Neutron = 56 Barium + 36 Krypton. Otto Hahn" Diese Formel steht für seine berühmteste Entdeckung, die Kernspaltung: Ein Urankern mit 92 Ladungen spaltet sich in einen Bariumkern mit 56 Ladungen und das radioaktive Isotop Krypton mit 36 Ladungen.

Im Dezember 1938 gelingt Hahn zusammen mit Fritz Straßmann die Spaltung des Urankerns durch Neutronen. Für die Entdeckung der Kernspaltung, die die Grundvoraussetzung für die Nutzung von Kernenergie darstellte, wurde Otto Hahn im Jahr 1944 mit dem Nobelpreis für Chemie ausgezeichnet, den er kriegsbedingt erst im Jahr 1945 verliehen bekommt. Fassungslos und tief erschüttert vom Abwurf der Atombomben auf Hiroshima und Nagasaki – er erfährt es im englischen Internierungslager –, wird der Wissenschaftler zum engagierten Gegner einer militärischen Nutzung der Kernenergie. Übrigens: Gemeinsam mit der Gesellschaft Deutscher Chemiker und der Deutschen Physikalischen Gesellschaft verleiht die Stadt Frankfurt alle zwei Jahre den mit 50.000 Euro dotierten Otto Hahn-Preis für herausragende wissenschaftliche Leistungen auf dem Gebiet der Chemie, der Physik und der angewandten Ingenieurwissenschaften.

73 Fundament der Altstadt
Parkhaus Dom-Römer

Domstraße 1

Eine Tiefgarage als Ort der Altstadt? Unbedingt, denn das zweistöckige Parkhaus Dom-Römer in der Domstraße ist ein elementarer
Bestandteil für das Projekt „Neue Altstadt", bildet es doch das Fundament der oberirdischen Neubebauung. 20.000 Quadratmeter
Fläche umfasst die Tiefgarage, die man bereits Ende der 1960er
Jahre konzipiert hatte. Bei den jüngst erfolgten Sanierungsarbei-
ten wurden u. a. rund 120 Kilometer Elektrokabel und -leitungen
neu verlegt, etwa 20 Kilometer Trassen und Rohre geschaffen und
mehr als 1.000 LED-Leuchten angebracht. Bei all den technischen
Arbeiten kam das Optische nicht zu kurz. Am offensichtlichsten für
die Neugestaltung des Parkhauses, die auch Anleihen bei der Ar-
chitektur des darüber liegenden „Dom-Römer-Quartiers" genom-
men hat, ist die Verwendung der Farbkombination Rot und Gold.
Zur einfachen Orientierung sind die Namen der Ausgänge Römer,
Markt und Dom jeweils durch passende Piktogramme – Rathaus-
Silhouette, Krone, gotische Fenster – symbolisiert, die als goldene
Ornamente auf roten Wandflächen erscheinen. Ein künstlerischer
Geheimtipp verbirgt sich im zweiten Tiefgeschoss: das restaurier-
tes Wandgemälde des hessischen Künstlers und Jazz-Musikers
Benno Walldorf (1928 – 1985). Das Kunstwerk aus den 70er Jahren,
im Stile des so genannten Magischen Realismus gemalt, erinnert
an das abgerissene Technische Rathaus, für das Walldorf es einst
anfertigte. Beim Abriss des Gebäudes wurden Teile des Walldorf-
Wandgemäldes gesichert und in das Parkhaus integriert.

74 Damals ein Novum
Parkhaus Hauptwache
Kornmarkt 10

„Glückauf dem neuen Parkhaus! Wir werden weitere Parkhäuser errichten und damit beweisen, dass wir die Zeichen der Zeit verstanden haben", rief Frankfurts beliebter Oberbürgermeister Walter Kolb in seiner Festansprache zur Einweihung des Parkhauses Hauptwache am 18. September 1956 aus. Damit steht hier am Kornmarkt in unmittelbarer Nachbarschaft zur Katharinenkirche das älteste öffentliche Parkhaus Deutschlands. Ein absolutes Novum aber auch Sinnbild der damaligen Zeit. Die Architekten Max Meid und Helmut Romeick entwarfen für den Bauherrn, die städtische Frankfurter Aufbau AG, ein Gebäude aus Stahlbeton, mit Platz für etwa 400 Autos und rund 70 Motorräder. Im Erdgeschoss wurden Ladenflächen für Gewerbetreibende eingeplant. Die damals vorhandene Tankstelle existiert nicht mehr. Der Bauherr investierte die damals stolze Summe von rund 3,3 Millionen DM. Wer sein Auto parken wollte, musste 20 Pfennig pro Stunde zahlen, die Tageskarte kostete für damalige Verhältnisse sportliche drei Mark.

Die wachsende Bedeutung und die zunehmende Produktion der Autos hat in den Jahren des Wiederaufbaus maßgeblichen Einfluss auf die Struktur und Planung von Städten genommen, auch das verkehrsreiche Frankfurt schwang sich auf zur autogerechten Stadt. In diesem Zusammenhang setzte man die großen Hauptstraßen in Nord-Süd- bzw. in Ost-West-Richtung, die Konrad-Adenauer- und Kurt-Schumacher-Straße sowie die Berliner Straße um, damit ein funktionierender Verkehrsfluss durch die Innenstadt gewährleistet werden konnte. Seit 1986 steht das Parkhaus Hauptwache unter Denkmalschutz.

75 Wiege der Demokratie
Paulskirche
Paulsplatz 11

Bedarf es zu diesem Ort wirklich noch vieler Worte? Ja, gerade heute! Die von 1789 bis 1833 erbaute Paulskirche gilt als Wiege der deutschen Demokratie. Am 9. Juni 1833 mit einem Festgottesdienst eingeweiht, bot sich die Paulskirche als größter Saal Frankfurts an, als infolge der Deutschen Revolution 1848 ein Sitz für das erste gesamtdeutsche Parlament gesucht worden war. Vom 31. März bis zum 3. April 1848 war sie Versammlungsort des Vorparlaments, am 18. Mai 1848 trat hier erstmals die Nationalversammlung zusammen. Einige Wochen später, am 29. Juni 1848 wählte die Nationalversammlung Erzherzog Johann von Österreich zum Reichsverweser, zum ersten parlamentsgewählten deutschen Staatsoberhaupt. Am 28. März 1849 verabschiedete die Nationalversammlung eine Reichsverfassung.

Infolge der Bombenangriffe am 18. März 1944 brannte das Gebäude völlig aus. Im Gegensatz zu mancher Diskussion zum Thema Wiederaufbau, war man sich bezüglich der Pauskirche als nationalem Symbol der Demokratie einig. Am 17. März 1947 wurde der neue Grundstein gelegt. Die Urkunde im Grundstein lautete: „Heute beginnen wir mit dem Wiederaufbau der Paulskirche. Sie wurde zerstört, weil wir die sittlichen Gesetze missachteten. Mögen unsere Nachkommen sich selbst überwinden, über die Grenzen hinaus allen Völkern die Hand reichen. Dies ist unser Wunsch und unser Vermächtnis." Zum 100. Jubiläum der Nationalversammlung, am 18. Mai 1948, wurde sie feierlich wiedereröffnet. Heute ist der ehemalige Sakralbau ein kultureller Ausstellungs- und Veranstaltungsort, u. a. der Friedenspreis des deutschen Buchhandels und der Goethepreis der Stadt Frankfurt werden hier verliehen.

76 Frankfurt am Meer
Ponton der Primus-Linie
Anlegestelle am Eisernen Steg

Die Primus-Linie ist mit ihren fünf Schiffen das größte und modernste Schifffahrtsunternehmen in Hessen. Die Familientradition reicht bis ins Jahr 1880 zurück. 1974 begründete Anton Nauheimer mit der „Primus" die „Frankfurter Personenschifffahrt Anton Nauheimer". Heute führt seine Tochter Marie die Geschäfte. Sie war es auch, die das neue Tickethäuschen sowie den schwimmenden Ponton direkt am Eisernen Steg initiierte, auf dem sich wunderbarerweise auch ein kleines Café befindet. Es gibt kaum etwas Schöneres, als an warmen Tagen hier einen Kaffee zu genießen, und sich dabei leicht vom Main schaukeln zu lassen. Da ist man „Frankfurt am Meer" plötzlich ganz nah.

Daneben befindet sich übrigens die Anlegestelle der „Weißen Flotte", wie die „Wikinger", die „Nautilus", die „Wappen von Frankfurt", die „Johann Wolfgang von Goethe" und die „Maria Sybilla Merian" auch genannt werden. Von hier aus starten sie mainaufwärts Richtung Seligenstadt oder Aschaffenburg bzw. mainabwärts bis zur Rheinmündung, nach Mainz, Wiesbaden, St. Goarshausen, Rüdesheim oder bis zur Loreley.

77 Kunst auf der Insel
Portikus

Alte Brücke / Maininsel

Auf der Maininsel, die sich unterhalb der Alten Brücke befindet, steht seit 2006 die Ausstellungshalle Portikus für zeitgenössische Kunst der renommierten Städel-Schule. Der ochsenblutrote Bau mit steilem Satteldach geht auf den Architekten Christoph Mäckler zurück, nach dessen Plänen auch die erstmals 1222 erwähnte Alte Brücke saniert worden war, und erinnert in seiner Gestalt an die Geschichte der Brückenbauten. In Inneren befinden sich ein einziger Ausstellungsraum mit umlaufender Galerie und einer Decke zum Dachraum aus Glasbausteinen. Durch die nördlich verglaste Dachseite erstrahlt ein Lichtbogen, eine Lichtinstallation, des international ausgezeichneten Künstlers Olafur Eliasson. Bis zum Wiederaufbau der Alten Stadtbibliothek stand die Ausstellungshalle am Portikus an der Obermainbrücke.

78 Uhrenstube im Obergeschoss
Rententurm

Fahrtor 2

Der Rententurm ist ein quadratischer Torturm, der ein Teil des Ensembles des Saalhofs, der staufischen Kaiserpfalz aus dem 12. Jahrhundert, ist. Erbaut wurde er 1455/1456 von Eberhard Friedberger. Der Rententurm ist einer der drei erhaltenen Tortürme der gotischen Stadtbefestigung und hatte ursprünglich die Aufgabe, das Fahrtor militärisch zu verteidigen, von wo aus es ins historische Zentrum Frankfurts, auf den Römerberg, ging.

Zudem war hier auch die Zollstelle des Hafens. In seinem Keller befand sich zeitweise das Stadtgefängnis. Im ersten Stock war die Rentenstube, der große Saal im Dachgeschoss galt als einer der schönsten Aussichtsplätze Frankfurts.

Der Torturm hat vier Geschosse und ein spitzes Dach mit vier Erkertürmchen. Durch die Anhebung des Mainufers im 19. Jahrhundert verlor der Rententurm etwa drei Meter seiner sichtbaren Höhe. Ab 1924 lebte der Schriftsteller und überzeugte Pazifist und Demokrat Fritz von Unruh im Rententurm, bis ihn die Nationalsozialisten 1933 ausbürgerten und sein Werk verbrannten.

Im Rahmen des Neubaus des hmf wurde der Rententurm auch wieder über seine Wendeltreppe erschlossen, so dass er nun für die Öffentlichkeit zugänglich ist. Außerdem wurde im ersten Obergeschoss auch eine Uhrenstube eingerichtet, die neben der spektakulären Aussicht auf den Main ein Highlight der Museumsführungen ist.

79 Fenster zum guten Geschmack

Restaurant Margarete

Braubachstraße 18 – 22

Die Margarete ist eine Hommage. Zuallererst an die Wiener Architektin Margarete Schütte-Lihotzky, die Mitte der 1920er Jahre mit ihrer „Frankfurter Küche" den Prototyp der modernen Einbauküche entwarf. Auf der anderen Seite haben sich die beiden Macher, Raffaela Schöbel und Simon Horn mit ihrem ambitionierten Team voll und ganz dem guten Geschmack verschrieben. Und sie sind Überzeugungstäter. Das beginnt damit, dass sie diesen buchstäblich zelebrieren, und zwar auf vielfältige Weise. In der Küche bei der Auswahl der von ihnen verwendeten Lebensmittel und Produzenten, bei ihren klassisch-bodenständigen wie modern-geistreich interpretierten Gerichten und auch im Restaurant selbst bei der Gestaltung des Gastraums. Denn auch hier finden sich immer wieder Reminiszenzen an die vielfältigen Frankfurter Wurzeln, etwa bei der Auswahl der Tische und Stühle. Und weil sich das Restaurant im „Haus des Buches" befindet, verwundert es nicht, dass sich in den raumhohen Regalen zahlreiche kunstvolle Druckerzeugnisse finden und auch die Materialien Kupfer oder Leinen. Denn diese stellen die Verbindung her zwischen Buch- und Kochkunst. Das Fenster zur Küche, dem Herzstück der Margarete, verdeutlicht die Ehrlichkeit und Offenheit, die man hier lebt. Und das macht ein gutes Gefühl – vor, während und nach dem Besuch im Bistro oder Restaurant.

80 Eindrucksvolle Dreigiebelfront

Römer

Römerberg 23

Der Römer besteht heute aus elf zusammenhängenden Häusern, die sechs Innenhöfe einschließen und hat eine Grundfläche von gut 10.000 Quadratmetern. Der heutige Haupteingang liegt am Römerberg. Die berühmte Dreigiebelfront spiegelt die Geschichte der Stadt und des Reichs wider. An der linken Hauskante von Alt-Limpurg (ehemals Haus Laderam im Besitz der Hartrad) sieht man die weibliche Verkörperung der Stadt, die Francofurtia. Am mittleren Haus Römer sind vier Kaiser [Friedrich Barbarossa, der erste in Frankfurt gewählte König 1152, Ludwig der Bayer, der 1330 die Messerrechte der Stadt ausweitete und ihre Stadterweiterung 1333 erlaubte, Kaiser Karl IV., der 1356 in der Goldenen Bulle Frankfurt als Wahlort festschrieb und Maximilian II., der erste Herrscher, der im Dom gekrönt wurde (1562)], zwei Stadtwappen, ein Zifferblatt sowie eine Tafel mit den wichtigsten Informationen zum Haus dargestellt. Ebenso wie die neogotische Fassade wurde auch der Balkon erst nach dem Umbau von 1900 angebaut. 1944 wurde er nahezu vollständig zerstört, daran erinnern das Mosaik des Phönix aus der Asche sowie die drei geretteten Relieftafeln des Salzhauses, die in die Fassade integriert wurden. Die Römer- und die Schwanenhalle sind die beiden ältesten noch erhaltenen Räume und bestehen seit 600 Jahren nahezu unverändert. Jahrhundertelang dienten sie, um Messewaren anzubieten.

81 „Gudd Stubb"
Römerberg mit Samstagsberg

Römerberg

Der Römerberg ist seit dem Hochmittelalter der Rathausplatz von Frankfurt und das Zentrum der Altstadt, die, bis zu ihrer Zerstörung am 22. März 1944, mit mehr als 2.000 Gebäuden als die größte noch in mittelalterlichen Formen erhaltene in Deutschland galt.

Der Name kommt vom Haus „Zum Römer", das seit dem 15. Jahrhundert als Rathaus der Stadt fungiert. Seitdem fanden auf dem Platz Veranstaltungen wie Kaiserkrönungen, Messen und der Weihnachtsmarkt statt. Der östliche Teil des Römerbergs wird auch „Samstagsberg" genannt. Eine mögliche Erklärung für den Namen reicht bis in die Karolingerzeit zurück: Damals wurde an diesem öffentlichen Platz samstags unter freiem Himmel Gericht gehalten. Zu dieser Zeit durften die Frankfurter Juden den Römerberg ausschließlich zu Messezeiten betreten und mussten ansonsten über jenen Samstagsberg gehen. Auch wurden hier seit dem 9. Jahrhundert Märkte und Kundgebungen abgehalten, Turniere ausgefochten und Feste gefeiert. Hinweise auf den hier stattfindenden Wochenmarkt sind ab 1350 belegt. Ab 1392 findet hier der Weihnachtsmarkt statt, zu dem allerdings nur Frankfurter Bürger als Standbetreiber zugelassen waren.

Anlässlich der zehn Kaiserkrönungen zwischen 1562 und 1792 wird auf dem Römerberg ein zweitägiges Volksfest mit Ochs am Spieß gefeiert – an die historische Ochsenküche vor der Alten Nikolaikirche erinnert ein mit „OK" markierter Pflasterstein. In den 1950er und 1960er Jahren befand sich zwischen Domturm und Römer ein Parkplatz, bis 1968 fand hier die „Dippemess" statt, das älteste Frankfurter Volksfest.

82 Hier geht's um die Wurst
Rotes Haus und
Neues Rotes Haus

Markt 15, Markt 17

Nein, man sieht nicht gleich rot, dass ist aufgrund des Namens bei dem Gebäude am Markt 15 einigermaßen überraschend. Das Rote Haus ist weiß, rekonstruiert und wurde ursprünglich Anfang des 14. Jahrhunderts erbaut. Wenige Jahrzehnte später baute man das ochsenblutfarbene Neue Rote Haus direkt an. Da dieses Gebäude auf drei Eichenholzpfeilern stand und kein Erdgeschoss besaß, musste extra ein Zugang über das benachbarte Haus gelegt werden. Über eine Treppe gelangte man vom Roten Haus in das Obergeschoss den Neuen Roten Hauses. Im Erdgeschoss am Markt 15 war bis 1877 eine Metzgerei untergebracht, bis 1935 übernahm ein Schuhmacher das Geschäft. In bester Tradition geht es bei der Rekonstruktion des Hauses mit der Metzgerei Dey ebenfalls um die Wurst. Das Fachgeschäft verwöhnt mit Hausmacher Wurstwaren, Qualitätsfleisch, Schinken, Feinkost, Salaten und weiteren Spezialitäten. Im „Neuen Roten Haus" am Markt 17 waren die Metzger zu Hause. Damit das Haus nicht die dahinterliegende Gasse Tuchgaden verstellte, musste es durchlässig sein und wurde somit auf den bereits erwähnten mächtigen Holzpfeilern errichtet. Die offene Kaufhalle, die sich aus dem Durchgang gebildet hatte, war durch ein auskragendes Dach gegen Regenwetter geschützt. Das wegen seiner Konstruktion berühmte „Neue Rote Haus" war nicht nur das Zunfthaus der Metzger, es markierte auch den Zugang zum Metzgerviertel, welches für seine Schirnen berühmt gewesen ist.

83 Geballte Postmoderne
Saalgasse

Die Saalgasse verläuft parallel zum Main und ist eine der ältesten Straßen in der Altstadt. Entlang dieser wichtigen Ost-West-Achse lagen einige bedeutende öffentliche Bauten wie der staufische Saalhof und die 1840 abgebrochene Kirche des Hospitals zum Heiligen Geist. In der nahezu vollständig zerstörten Innenstadt erfolgte der Wiederaufbau vielfach auf einem neuen Stadtgrundriss, beispielsweise bei der Kunsthalle Schirn. Während in unmittelbarer Nähe der Schirn mit der Ostzeile eine Fachwerkzeile rekonstruiert wurde entschied man sich Anfang der 1980er Jahre auf der Nordseite der Saalgasse für eine zeitgenössische Neubebauung, angelehnt an die Bebauung, die vor der Zerstörung hier zu finden war. Vorgaben waren lediglich die altstadttypischen Grundmaße der Einzelhäuser von meist 7,50 m Breite und 10 m Tiefe, Viergeschossigkeit und Giebelständigkeit sowie eine gegliederte Erdgeschoss-Sockelzone. Jedes Haus wurde von einem anderen Architekturbüro entworfen, das Gesamtkonzept jedoch vorher aufeinander abgestimmt. Die 14 so genannten Bürgerhäuser sind durchweg im bunten, verspielten Stil der postmodernen Architektur der 1980er Jahre gestaltet und sehr unterschiedlich geraten – von kleinteiligen Kompositionen über ausladende Erker, integrierte Tierfiguren, umgedrehte Hauszitate (Saalgasse 16) bis hin zum aufgeklappten Stadthaus von Charles Moore gibt es an der Häuserzeile in der Saalgasse einiges Lustvolles zu entdecken.

84 Krone, Zepter und Reichsapfel

Saalhof

Saalgasse 19

Ursprünglich wurden mit dem Begriff alle Gebäude zwischen der alten Saalgasse im Norden, dem Fahrtor im Westen, dem Mainufer im Süden und dem Kleinen Saalhof im Osten bezeichnet. Heute umfasst er die fünf, zwischen 2008 und 2012 restaurierten Bauwerke, die zusammen den Komplex des hmf bilden. Das älteste Gebäude hier ist die staufische Königsburg aus der Zeit um 1200. Gleichzeitig ist sie das älteste, aufrecht stehende Gebäude der Stadt. Hier sind nun die Grundmauern und Wände des Mittelalters freigelegt und im Inneren der Wohnturm vom Keller bis zum Dach wieder sichtbar gemacht. Mitte des 19. Jahrhunderts hatte es der Architekt Rudolf Burnitz zu einem Wohngebäude umgebaut. Nach der Bombardierung im Zweiten Weltkrieg wurde der Bau nur von außen, nicht aber von innen wiederhergestellt. Nun wurde auch der fast sechs Meter hohe Turmraum im Erdgeschoss wieder rekonstruiert. Um 1200 wurde hier eine Kapelle angebaut, die mit der Zeit drei Stockwerke erhielt. Im Untergeschoss wurde wahrscheinlich der Reichsschatz mit zahlreichen Reliquien aufbewahrt, den die Könige bis ins 15. Jahrhundert mit auf ihre Reisen nahmen. Heute befinden sich hier Kopien der Reichsinsignien, also Krone, Zepter und Reichsapfel.

85 Neue Sichtweisen eröffnen

Schirn-Kunsthalle

Römerberg

Umgangssprachlich heißt sie einfach „die Schirn" und ist eines der angesehensten Ausstellungshäuser Europas. Sie verfügt über keine eigene Sammlung, sondern organisiert und zeigt befristete Projekte und Ausstellungen zu einzelnen Künstlern oder Themen, und kooperiert mit dem Centre Pompidou, dem Museum of Modern Art in New York, der Tate Gallery und vielen anderen. Die Ausstellungen widmen sich zeitgenössischen Kunstpositionen und der Kunst der Moderne gleichermaßen.

Der Name der Kunsthalle leitet sich aus der Geschichte ihres Standortes ab: „Schirn" bezeichnete ursprünglich einmal einen offenen Verkaufsstand. Denn dort, wo heute die Kunsthalle steht, befanden sich bis zur Zerstörung der Frankfurter Altstadt am 22. März 1944, die Verkaufsstände der Metzgerzunft in den engen Gassen.

Die mit hellem Sandstein verkleidete Kunsthalle besteht aus mehreren ineinander verschachtelten Baukörpern. Am markantesten ist der gut 140 Meter lange und zehn Meter breite, fünfgeschossige eigentliche Ausstellungsbau, der zur Bendergasse einen offenen Säulengang ausbildet und an die Uffizien in Florenz erinnert. Für den Neubau der Frankfurter Altstadt wurde der so genannte „Große Tisch" an der Nordseite der Schirn abgerissen, um damit die Rekonstruktion bedeutender Altstadthäuser zu ermöglichen.

86 Im Schäferkleid
Schönau
Markt 10

Das schmale Haus Schönau am Markt 10 ist ein Entwurf des Berliner Architekturbüros von Ey und in der Altstadt einmalig. Wie sein historischer Vorgänger-Fachwerkbau besitzt auch die Neuinterpretation eine geschossweise vorspringende Fassade, einen bekrönenden Spitzgiebel, ein massives Sockelgeschoss aus rotem Main-Sandstein und eine Schieferverkleidung. Individuellen Charakter erhält die Fassade insbesondere durch die dreiteiligen Erkerfenster in den Obergeschossen, die die schmale Silhouette des Gebäudekörpers betonen und durch ihren Vorsprung einen besseren Ausblick in den Straßenraum ermöglichen. Die moderne Bauweise und wellenförmige Beschindelung bescheren dem Gebäude ein abwechslungsreiches Licht- und Schattenspiel, was der Fassade Ausdrucksstärke und Eleganz verleiht. Die Hoffassade hingegen ist zurückhaltend gestaltet. Die von Belvederchen – begrünten Dachgärten – inspirierte eingeschnittene Dachterrasse ist vom Straßenraum nicht einsehbar.

87 Vermietete Guckplätze
Schwarzer Stern
Römerberg 6

Gemeinsam mit dem Haus „Großer und Kleiner Engel" gilt der „Schwarze Stern" als einer der herausragendsten Rekonstruktionen seiner Zeit. Er wurde ebenso wie die Häuser „Goldener Greif", „Großer Laubenberg" und „Kleiner Laubenberg" mit viel Liebe zum Detail hergerichtet, jedoch nur teilweise nach historischem Vorbild. Dummerweise wurden dabei 200 Jahre alte Balken gemeinsam mit frisch geschlagenem Holz verbaut – die beauftragten Handwerksfirmen hatten wenig Erfahrung mit Rekonstruktionen. Und so mussten die Häuser bereits 1989 aufwendig restauriert werden, denn es war zu Trocknungsrissen und Setzungsschäden gekommen.

Der ursprüngliche „Schwarze Stern" war 1610 errichtet worden und im 18./19. Jahrhundert verputzt. 1920 wurde das Fachwerk wieder freigelegt. Nach dem Bombenangriff von 1944 war nur das steinerne Erdgeschoss übriggeblieben. Doch dank zahlreicher Dokumentationen konnte das Gebäude originalgetreu wiederaufgebaut werden. Die vielen Fenster führten anlässlich der Kaiserkrönung von Leopold II. im Jahr 1790 übrigens zu einem wahren Geldregen für seinen Besitzer: 2.210 Gulden soll er mit der Vermietung der Guckplätze eingenommen haben, der Besitzer des benachbarten Goldenen Greif soll sogar 6.000 Gulden verdient haben.

88 Vom Titan getragen
Seufzerbrücke
Bethmannstraße

Die so genannte Seufzerbrücke überspannt die Bethmannstraße am Paulsplatz und verbindet den Nordbau des Neuen Rathauses mit dessen Südbau. Sie wird im Volksmund Seufzerbrücke genannt, da die Frankfurter Bürger in der Kämmerei im Nordbau ihre Steuern zahlen mussten. Die Gewölbebrücke wird von vier Figuren getragen. Es handelt sich dabei jeweils um den griechischen Titan Atlas in unterschiedlichen Positionen. Um ihn müssen wir uns keine Sorgen machen, laut griechischer Mythologie trägt er sogar das Himmelsgewölbe auf seinen Schultern.

89 Wilde Visionen für alle Sinne
Seven Swans
Mainkai 4

Ricky Saward, der Küchenchef, versteht seine Kreationen als wilde Vision, ruhige Erinnerung oder gegenwärtige Verrücktheit. Manchmal sind sie diesseits, manchmal jenseits des Mainstreams, aber immer auf den Punkt und für alle Sinne komponiert. Erschmecken kann man seine Ideen im zweistöckigen vegetarischen Gourmet-Restaurant Seven Swans, das sich im schmalsten Haus Frankfurts befindet, direkt am Mainufer. Die Atmosphäre ist cool, urban, entspannt, geerdet. Ein raumhohes und ebenso breites Fenster gibt den Blick frei auf den Fluss und die Stadt, sensibilisiert für neue Ausblicke und Einblicke. Auch, was die Themen Qualität, Genuss und ökologische Verantwortung gegenüber den natürlichen Ressourcen betrifft. Deswegen verfügt das Seven Swans im Vordertaunus über ein Stückchen Land, auf dem eigens für den Restaurantbetrieb Gemüse und Kräuter angebaut werden.

Aber auch, wer nur einen Drink nehmen möchte, ist in dem siebenstöckigen Gebäude richtig. Denn zum Restaurant gehört auch die Aperitif-Bar „Tiny Cup", die auf 17 Quadratmetern die wohl kleinste Bar der Großstadt ist.

90 Elefantenfuß in der Fassade
Spolien Technisches Rathaus
Markt 8

Das Technische Rathaus lebt weiter. Im Haus Großer Rebstock sind sichtbar alte Waschbeton-Bruchstücke des ehemaligen Verwaltungsbaus eingelassen. Ohne das Verschwinden des im Volksmund auch „Elefantenfuß" genannten Gebäudes wäre dieses ganze Projekt „Neue Altstadt" nicht möglich gewesen. Der im Stil des Brutalismus gebaute Koloss war als Bausünde verschrien. Dabei ist das von den Architekten Bartsch, Thürwächter, Weber geschaffene Gebäude zwischen Braubachstraße und Kunsthalle Schirn bereits 1974 als Beispiel für vorbildliches Bauen ausgezeichnet worden. Der Verwaltungsbau war das Ergebnis eines Wettbewerbs von 1963. Nach etlichen Überarbeitungen wurde 1970 mit dem Bau begonnen, vier Jahre später war er endgültig beendet. Etwa 30 Jahre später ist die Ära des Gebäudes wegen erheblichen Sanierungsbedarfes bereits Vergangenheit und die Stadt beschließt 2004 ein Wettbewerb für die Neubebauung des Areals. Im Jahr 2005 kürten Politiker fast aller Parteien einen modernen Entwurf zum Sieger. Vor dem Dom sollte ein großer Hotelbau entstehen, daneben drei Geschäftsgebäude. Gleichzeitig präsentiert der junge Offenbacher Ingenieur Dominik Mangelmann als Alternative zur zeitgenössischen Bebauung das Modell der etwa 50 Altstadthäuser, die bis März 1944 an der Stelle des Technischen Rathauses standen. Der Beginn einer emotionalen wie fachlichen Debatte zwischen Alt und Neu. Als Reaktion führt die Stadt erstmals eine Planungswerkstatt als Instrument der Bürgerbeteiligung durch und demokratisiert damit ein Stück weit ästhetische Entscheidungen über den öffentlichen Raum. Nach dem Abriss des Technischen Rathauses 2010/11 begann das Neubauprojekt mit der Grundsteinlegung im Januar 2012.

91 Frankfurts Ursprung
Stadthaus am Markt
Markt 1

Ein Schaufenster mit Spuren aus fast 2.000 Jahren Stadtgeschichte bietet das aus fünf Gebäudeteilen und rotem Main-Sandstein bestehende Stadthaus am Markt. Tagsüber begehbar, liegt unter dem Gebäude mit der signifikanten Adresse „Markt 1" das erste Bauwerk Frankfurts, die Kaiserpfalz franconofurd – der ehemalige Archäologische Garten. Es bietet Einblicke in die Ursprünge der Stadt: ein römisches Bad, die Mauern des karolingischen Königshofes, spätmittelalterliche Keller. Die Architekten, die Meurer Generalplaner GmbH aus Frankfurt sowie Christian Bauer & Associés Architectes aus Luxemburg haben einen modernen Gebäudekomplex geschaffen, der sich gekonnt dieses historischen Ortes annimmt und einen Übergang zwischen moderner Bebauung und historisch geprägter Altstadt ermöglicht. So wurden beispielsweise für die Einfassung des Versammlungssaals rautenförmige Platten mit einer Aluminium-Kupfer-Legierung verwendet. Die auf dem Kopf stehende Raute war ein beliebtes Muster der Karolingerzeit. Dieses Muster findet sich auch in der Form der Fenster im Versammlungssaal sowie in der Gestaltung der Eingangstüren wieder. Das Stadthaus vermittelt zwischen der kleinteilig angelegten neuen Altstadt und dem Gebäuderiegel der Schirn. Ein Begegnungsort in vielerlei Hinsicht: Neben der Berührung mit Frankfurter Geschichte bietet das Gebäude Veranstaltungs- und Versammlungsmöglichkeiten für Bürger und Gäste der Stadt.

92 Zum Schutz der Stadt
Staufenmauer
Fahrgasse

An der romanischen Staufenmauer in der Fahrgasse, auf Höhe Töngesgasse, ist seit 1962 eine Bronzetafel in Form eines Wappens befestigt, die an diese erste Frankfurter Stadtmauer aus dem 12. Jahrhundert erinnert. Unter den Staufern wurde der Bau um 1180 errichtet. Etwa sieben Meter hoch und ungefähr drei Meter dick, schützte sie die Stadt u. a. vor Überfällen. Der Name des Bauwerks ist ein Beleg für die Verbundenheit der Stadt mit dem Geschlecht der Hohenstaufen, so wurde beispielsweise Friedrich I. Barbarossa im Jahr 1152 in Frankfurt zum König gewählt.

Die Mauer hatte mit der Guldenpforte, der Bockenheimer Pforte und der Bornheimer Pforte drei Tore. Die im 15. Jahrhundert entstandene Neustadt wurde mit einer neuen Mauer umrahmt, die alte Staufenmauer zunächst weiter betrieben. Noch bis ins 16. Jahrhundert sind die drei Pforten der Staufenmauer nachts geschlossen worden, nächtlicher Verkehr zwischen der Alt- und Neustadt war nicht möglich. Ab 1582 wurde die Staufenmauer abgerissen. Erkennbar ist sie heute u. a. an der Westseite der Liebfrauenkirche zwischen den Häusern der Fahrgasse und der Börnestraße.

93 Aktuelle Kunst in alten Mauern

Steinernes Haus

Markt 42–44

Kaum zu glauben, aber tatsächlich ist der Sitz des Frankfurter Kunstvereins, das Steinerne Haus, das älteste Gebäude in der Neuen Altstadt, auch wenn dieses augenscheinlich am jüngsten aussieht – zumindest sein Anbau, der aus den 1960er Jahren stammt. In der „Lersnerschen Chronik" ist die fast 500 Jahre alte Geschichte des Steinernen Hauses umfangreich dokumentiert.

Im 18. Jahrhundert hatte der französische Mal- und Zeichenlehrer Roland hier eine Kunstschule, zu deren Schülern auch Goethes Schwester Cornelia zählte.

Der Hauptteil des Steinernen Hauses ist spätgotischen Ursprungs, jedenfalls bis zur Bombardierung Frankfurts 1944. Das Gewölbe in der Tordurchfahrt des Erdgeschosses sowie der historistische Gebäudepart an der Braubachstraße blieben fast unbeschadet. In den 1960er Jahren wurde das Steinerne Haus als eines von wenigen Frankfurter Baudenkmälern für 2,4 Millionen DM weitgehend originalgetreu wieder aufgebaut. Allerdings beschränkte sich die Rekonstruktion auf das äußere Erscheinungsbild, die Innenräume wurden zweckmäßig geplant und dem Frankfurter Kunstverein, einem der (inter-)national bedeutendsten Ausstellungshäuser für zeitgenössische Kunst zur Verfügung gestellt. Das Steinerne Haus steht heute unter Denkmalschutz.

Der lebte nicht vergebens
Auch ihm sei Dank u. Sang
Der um den Ernst des Lebens
Den Menschen Rosen schlang.

FRIEDRICH STOLTZE

94 Sprudelndes Andenken
Stoltzebrunnen
Hühnermarkt

Nein, es ist nicht Karl Marx, der da diesen Brunnen auf dem Hühnermarkt, dem zentralen Platz der Neuen Altstadt, als Bronzebüste krönt. Vielmehr handelt es sich um Frankfurts zweiten Dichterfürsten Friedrich Stoltze, der den meisten wegen seines Frankfurt-Gedichts und der berühmten ersten Strophe ein Begriff ist – weit über die Stadtgrenzen hinaus: „Es is kaa Stadt uff der weite Welt, die so merr wie mei Frankfort gefällt, un es will merr net in mein Kopp enei: Wie kann nor e Mensch net von Frankfort sei!"

Dabei war Friedrich Stoltze viel mehr als ein Heimatdichter: Er war vor allem Freiheitskämpfer, Bürgerrechtler, Demokrat und als Herausgeber der satirischen Wochenschrift „Frankfurter Latern" trotziger Agitator gegen die verhassten Preußen, die nach der gescheiterten Paulskirchenrevolution die Freie Stadt Frankfurt annektiert hatten. Diese Aktivitäten hatten sogar eine zeitweise Verbannung Stoltzes aus Frankfurt zur Konsequenz. Eingeweiht wurde der Brunnen 1895 und stand bis zur Bombardierung Frankfurts 1944 auf dem Hühnermarkt. Er überstand sie nahezu unbeschädigt. 1981 wurde er hinter der Katharinenkirche aufgestellt. Seit 2017 befindet sich der denkmalgeschützte Brunnen wieder unweit von Friedrich Stoltzes Geburtshaus, dem Gasthaus Rebstock.

95 Wenn's mal dringend ist
Toiletten-Anlage unter dem Paulsplatz
Paulsplatz

Ein Klo im Altstadt-Buch? Was soll denn das bitte?! Nun, warum denn nicht. Schließlich werden hier 101 Orte zusammengetragen, die das Quartier ausmachen. Und da gehört so eine öffentliche Bedürfnisanstalt – welch wunderbares Wort – unbedingt auch dazu. Denn nichts ist unangenehmer, als wenn man unterwegs plötzlich „muss" und keine Toilette in Sicht ist. Da wird die schönste Altstadt-Tour zur Tortour. Und: Auf den ersten Blick ist das WC vielleicht auch nicht erkennbar, denn es liegt unter dem Paulsplatz. Den Eingang könnte man leicht mit dem Eingang zu einem Parkhaus oder ähnlichem verwechseln, denn er sieht wenig toilettenhaft aus, wenn man das so sagen darf. Ab 6 Uhr morgens bis fast Mitternacht ist das zentrale Altstadtklo übrigens geöffnet. Behindertengerecht ausgestattet, und – das freut besonders Familien mit kleinen Kindern – es gibt auch einen Wickeltisch. Das ist auf anderen öffentlichen Frankfurter Örtchen leider keine Selbstverständlichkeit und muss Erwähnung finden. Das Personal ist sehr freundlich und zuvorkommend, die WC-Anlage gepflegt und wirklich sauber. Und damit das auch so bleibt, werden dafür 50 Cent Servicegebühr erhoben. Die zahlt man gern! Kleine Anekdote am Rande: Das Klo wurde einst für 900.000 Euro umgebaut und im Jahr 2007 von keiner geringeren als der damaligen Frankfurter Oberbürgermeisterin Petra Roth höchstpersönlich eröffnet.

96 Die älteste Einkaufsstraße der Stadt
Töngesgasse

Die „kleine Zeil", wie sie liebevoll genannt wird, verläuft parallel zur großen Frankfurter Shoppingmeile vom Liebfrauenberg zur Fahrgasse und bietet eine attraktive Ansammlung von überwiegend inhabergeführten, traditionellen Einzelhandelsgeschäften mit Fachberatung, die teilweise schon weit über 100 Jahre bestehen, und einer Vielzahl an außergewöhnlichen und einzigartigen Produkten (Waffen, Samen, Wolle, Bürsten etc.) anbieten.

Der Ursprung der ältesten Einkaufsstraße Frankfurts führt bis ins Jahr 1236 zurück, als Mönche das Antoniterkloster in der Nähe der Staufenmauer (heute Parkhaus Konstablerwache) errichteten. Damals wurde die wichtige Straße nach den Klosterbrüdern „Antonitergasse" genannt. Sie galt lange Zeit als die reichste und begehrteste Handelsstraße Frankfurts. Eng verbunden mit ihrer Geschichte sind solche illustre Namen wie etwa Bethmann, Bolongaro, Nestlé (Heinrich Nestlé wurde hier am 10. August 1814 geboren), Leonhardi und die Gebrüder Senckenberg. Mal Antoniter, mal Kapuziner – das Kloster wechselte mehrmals den Besitzer. Schließlich siedelten sich die Kapuzinermönche im Kloster der Liebfrauenkirche an. Im Wandel der Jahrhunderte wurde aus der Antonitergasse die Tonitergasse, die Thonnesgass, Tönnesgasse und schließlich die Töngesgasse. Gemeinsam mit dem benachbarten Liebfrauenkloster feiert die Interessengemeinschaft der Töngesgasse e. V. jeweils im August das Antoniterfest. Durch die große Tombola wird die Sozialarbeit der Kapuzinermönche unterstützt.

97 Versteckter Kunstschatz
Wandmalereien von Jörg Ratgeb
Münzgasse 9

Es ist ein Kleinod, das einen bedeutenden öffentlichen Kunstschatz birgt, der noch immer vielen Menschen unbekannt ist. Mit den Wandmalereien von Jörg Ratgeb im Kreuzgang und Refektorium beherbergt das Karmeliterkloster, Münzgasse 9, vorbarocke Wandmalereien, die zu den bedeutendsten nördlich der Alpen zählen. Zwischen 1514 und 1521 fertigte der gebürtige Schwabe Ratgeb als Auftragsarbeit seine beeindruckenden Darstellungen der Ordensgeschichte der Karmeliter sowie Szenen der Heilsgeschichte an. Das prestigeträchtige und ausdrucksstarke Projekt des Dürer-Zeitgenossen, welches das Karmeliterkloster zur damaligen Zeit in ganz Europa bekannt machte, wurde von großzügigen Stiftern finanziert. Grober Umgang und Ratgebs Maltechnik haben dazu beigetragen, dass einige Elemente seiner Arbeit nicht mehr vorhanden sind. 1998 beschloss der Magistrat der Stadt Frankfurt ein neues Nutzungskonzept für das Karmeliterkloster. Auch die von Jörg Ratgeb angefertigten Wandgemälde im Kreuzgang und im Refektorium sind seitdem der Öffentlichkeit zugänglich gemacht.